Dieser Band erscheint in der Buchreihe

„Mit Kreuzfahrtschiffen unterwegs auf den Meeren dieser Welt …"

Harald Manger berichtet seit seiner ersten Kreuzfahrt im April 2005 auf der AIDAvita ausführlich über seine Erlebnisse auf den verschiedenen Schiffen der AIDA-Flotte und anderen Kreuzfahrtschiffen.

„Congratulations! Wirklich nicht nur ein informativer sondern auch richtiggehend schriftstellerischer Reisebericht. Schön zu lesen.“

(aus dem Gästebuch auf www.generalalarm.de)

HARALD MANGER

DIE NEUE GENERATION: AIDAprima

Reisebericht über die ersten Passagierfahrten der AIDAprima mit vielen Informationen über das neueste Schiff der AIDA-Flotte

sowie ein Bericht über die Taufe
im Rahmen des Hamburger Hafengeburtstages
am 7. Mai 2016

„Welcome Cruise“ (23. - 25. April 2016)
Hamburg - Hamburg

Kurzreise (25. - 29. April 2016)
Hamburg - Southampton (UK) - Hamburg

Premierenfahrt (30. April - 7. Mai 2016)
Hamburg - Southampton (UK)
Le Havre (Frankreich) - Zeebrugge (Belgien)
Rotterdam (Niederlande) - Hamburg

Impressum

Druck und Verlag:
epubli GmbH, Berlin, www.epubli.de

Der lange Weg der AIDAprima ...

Die Geschichte von AIDAprima beginnt im August 2011. AIDA Cruises hat bekannt gegeben, in den Jahren 2015 und 2016 die bisher größten Schiffe der AIDA-Flotte zu bauen - und zwar bei Mitsubishi Heavy Industries in Japan. Die Entscheidung wird in den einschlägigen Kreuzfahrtforen als herber Verlust für den Standort Deutschland und die Meyer Werft in Papenburg, die bislang alle neuen Schiffe ab der AIDAdiva gefertigt hat, angesehen.

Da zu diesem Zeitpunkt die Schiffe AIDAmar und AIDAstella noch nicht in Dienst gestellt waren (von der Stella wusste man damals noch nicht einmal den Namen), hielt man sich mit weiteren Informationen zu den neuen Schiffen zunächst zurück. Der damalige Präsident von AIDA Cruises, Michael Thamm, ließ sich nur kurz zitieren: „Die beiden Neubauten werden sowohl hinsichtlich ihrer Produktinhalte als auch in Sachen Umweltfreundlichkeit neue Maßstäbe setzen. Mit unserer Entscheidung werden wir der hohen Nachfrage nach Kreuzfahrten mit den AIDA Clubschiffen gerecht“.

Im März 2012 folgten dann auf der ITB weitere Informationen zu den beiden Neubauten: die beiden Schiffe sollen „Ganzjahresschiffe" sein, die das ganze Jahr über in der Nord- und Ostsee unterwegs sein können. „Wir werden mit dem ersten Schiff ganzjährig ab Deutschland fahren.", so Michael Thamm. Die Jungfernfahrt war damals übrigens noch für das Frühjahr 2015 vorgesehen ...

Bis zum März 2013 war es dann wieder ruhiger um die bis dahin noch namenlosen Neubauten - bis zur „Clubnacht" auf der AIDAstella für die Clubmitglieder der damalig höchsten Stufe „Grün". Hier wurden exklusiv erste Informationen über das neue Schiff bekanntgegeben und auch die für März 2015 geplante Jungfernfahrt, die damals noch 86 Tage dauern sollte, von Yokohama in Japan bis nach Hamburg, vorgestellt.

Drei Monate später, am 30. Juni 2013, wurden anlässlich der Kiellegung des Schiffes in Japan erste Computergrafiken des neuen Schiffs veröffentlicht - der optisch der Titanic ähnliche Bug (einem „Panzerkreuzer " nicht unähnlich) wurde erstmals öffentlich sichtbar.

Ein Meilenstein in der Geschichte der AIDprima war dann aber natürlich die Pressekonferenz von AIDA Cruises in Hamburg am 8. Oktober 2013 -

hier wurden nicht nur alle Details des neuen Schiffes vorgestellt, sondern auch der Name des ersten Schiffes der neuen Generation der Öffentlichkeit präsentiert (auch wenn dieser bereits ein Tag vorher auf informellem Wege durchgesickert ist). Das große Schiffsmodell der AIDAprima, das zwischenzeitlich auch auf vielen Messen und Veranstaltungen zu sehen war, wurde dort ebenfalls erstmals gezeigt - und damit waren auch viele Details schon relativ gut zu erkennen. Wer mag, kann ja meinen Liveticker von der Pressekonferenz im Internet noch einmal nachlesen:

http://www.generalalarm.de/2013/10/08/pk_japan_neubau/

Nach der Jungfernfahrt von Japan nach Hamburg sollten dann ab Juni 2015 die ersten Metropolenrouten von Hamburg über Southampton, Le Havre, Zeebrugge und Rotterdam zurück nach Hamburg starten. Nun, wie wir heute wissen, kam das dann ja ein bisschen anders ...

Am 8. April 2014 hat AIDA Cruises bekannt gegeben, dass sich die Auslieferung der AIDAprima verzögert und die Jungfernfahrt - jetzt in zwei Teile getrennt - etwa ein halbes Jahr später ab dem 1. Oktober 2015 stattfinden wird. Geplant ist nun eine 50-tägige Reise von Yokohama nach Dubai, dann über den Winter einwöchige Orientkreuzfahrten bis zum Frühjahr 2016 und im Anschluss der zweite Teil der Jungfernfahrt mit einer Dauer von 38 Tagen von Dubai nach Hamburg.

Am 3. Mai 2014 dann mal eine erfreuliche Nachricht: um 14.00 Uhr Ortszeit hat AIDAprima erstmals Wasserkontakt: das Aufschwimmen und eine etwa einstündige Probefahrt hätten zufriedenstellend funktioniert. Und so setzt sich das fort: AIDAprima erhält ihren Kussmund, die Innenausstattung macht sich im Juni 2015 auf den Weg in zahlreichen Containern nach Japan und bislang sah - zumindest offiziell - alles so aus, als ob die Jungfernfahrt tatsächlich am 1. Oktober 2015 startet.

Bis zum 4. August 2015 ... kurz vor 10.00 Uhr erreichen erste informelle Informationen die Öffentlichkeit, dass es ggf. zu einer erneuten Verschiebung der Jungfernfahrt kommen könnte. Und diese werden kurz darauf Gewissheit - allerdings spricht AIDA nicht mehr von einer Verschiebung, sondern sagt die beiden Jungfernfahrten kurzerhand komplett ab. Die Urlaubsplanung tausender Passagiere löst sich schlagartig in Luft auf (die wenigstens können ja einfach mal so 50 Tage Urlaub nehmen ...) und der Unmut in den einschlägigen Internetforen nimmt gewaltige Formen an - und das nicht, ohne an Schadenfreude zu sparen (so nach dem Motto: „Vielleicht hätte man doch besser bei Meyer bauen lassen sollen?").

Die Monate vergehen, AIDA gibt zwei weitere Neubauten für 2019 und 2020 (noch mal deutlich größer) in Auftrag (dieses Mal übrigens wieder bei der Meyer Werft) und die Meldungen aus Japan nehmen, insbesondere inoffiziell auf den Facebookseiten dort eingesetzter Arbeiter, zu. Mal werden Fotos gepostet, auf denen das Schiff aussieht als ob es fertig wäre, dann sieht man kurz darauf einen Blick ins Innere, auf dem dem noch nicht einmal erkennbar ist, dass es sich hierbei um ein Schiff handelt.

Im Januar 2016 werden dann kurz hintereinander noch drei kleinere Brände auf der AIDAprima gemeldet (die aber allesamt nicht schlimm gewesen wären und auf Schiffsbaustellen immer wieder mal vorkommen würden), die Mutmaßung von Sabotage macht kurz die Runde, aber dann wird doch alles gut.

Spätestens als AIDA am 29. Februar 2016 mitteilt, dass die Taufe der AIDAprima am 7. Mai 2016 im Rahmen der Feierlichkeiten zum Hafengeburtstag in Hamburg stattfinden soll, legen sich die Zweifel, ob der Termin für die erste Reise dieses Mal gehalten werden kann. Und kurz darauf wird ein weiteres Geheimnis gelüftet: die 13-jährige Emma Schweiger, bekannt aus mehreren Kinofilmen, wird die Taufpatin des neuen Schiffes sein.

Und dann ist es endlich soweit: am 14. März 2016 wird die AIDAprima offiziell an AIDA Cruises übergeben. Und sie verlässt die Werft in Japan in Richtung Deutschland, um in Hamburg am 30. April 2016 pünktlich zur ersten geplanten Metropolenfahrt aufzubrechen.

Jetzt geht es Schlag auf Schlag: kurz nachdem sich AIDAprima auf den Weg gemacht hat, gibt AIDA bekannt, dass man noch vor der „Premierenfahrt" am 30. April (die jetzt ja nicht mehr die „Jungfernfahrt" ist, da diese im Anschluss an die Taufe am 7. Mai stattfinden wird) eine viertägige Kurzreise von Hamburg nach Southampton und zurück ab dem 25. April eingeschoben habe.

Und wie das nun mal ist - wenn man denn die erste Passagierreise des Schiffes mitmachen will (und deshalb seinerzeit die Jungfernfahrt gebucht hatte bzw. nach deren Absage die Premierenfahrt gebucht hat), hat man ja nun keine andere Wahl, als diese Kurzreise auch noch zu buchen. Und als ob ich es geahnt hätte, sind dafür auch noch ein paar Tage Urlaub übrig. Ich buche nun also auch noch die Kurzreise und entscheide mich für eine Lanaikabine - da kann ich diesen Kabinentyp, den es ja aktuell noch auf keinem der Schiffe gibt, auch ausführlich testen.

Aber bereits einen Tag später ändert sich die Situation erneut. AIDA hatte bei der Absage der Jungfernfahrt im vergangenen Jahr allen betroffenen Passagieren, die die komplette Jungfernfahrt oder Teilstrecken von mindestens 28 Tagen gebucht hatten, versprochen, sie zur Taufe nach Hamburg einzuladen. Und das ist jetzt am 15. März geschehen. Allerdings ist die Teilnahme an den Tauffeierlichkeiten im exklusiven Beach Club „Hamburg del mar“ direkt an den Landungsbrücken in Hamburg nur eine der Alternativen, unter denen die Betroffenen wählen können - alternativ bietet AIDA nämlich die kostenfreie Teilnahme an einer „Welcome Cruise“ vom 23. - 25. April an. Diese führt zwei Tage von Hamburg auf die Nordsee und dann wieder zurück nach Hamburg - vorreserviert ist die Kabine, die man auf der ursprünglichen Jungfernfahrt gebucht hatte.

Und somit wird jetzt die Welcome Cruise die erste wirkliche Passagierfahrt der AIDAprima - und meine Zeit auf dem Schiff um zwei weitere Tage verlängert. Aber das kann ich ja nun wirklich nicht ablehnen. Und so kommt zu der für die Premierenreise gebuchten Deluxe Suite und der Lanaikabine auf der Kurzreise jetzt noch eine Verandakomfortkabine mit zwei Bädern dazu. So langsam aber sicher habe ich die neuen Kabinentypen dann ja alle durch ;-)

Bleiben noch zwei Fragen offen, die sich inzwischen aber auch geklärt haben ...

Zum einen, was in der Nacht vom 29. April auf den 30. April passiert - da liegt die AIDAprima ja im Hamburger Hafen. Und da die Kurzreise am 29.4. endet und die erste Metropolentour am 30.4. beginnt, wäre es natürlich schön, wenn man die eine Nacht an Bord verbringen könnte. Allerdings hat AIDA inzwischen mitgeteilt, dass diese Nacht den Mitarbeitern gehört - hier werden die „Landmitarbeiter“ von AIDA zu einem Abend an Bord eingeladen. Ein schöner Zug - und dafür verbringt man dann auch gern noch mal eine Nacht im Hotel.

Die zweite Frage bezieht sich auf die Taufe - hier bin ich unsicher gewesen, von wo man den besten Blick auf das Schiff und das Feuerwerk hat. Die dafür in Frage kommenden Hotels sind ja seit Monaten ausgebucht und die Plätze an Land sind aufgrund des Hafengeburtstages natürlich gut besucht (man könnte auch sagen: überfüllt). Und während ich schon zu einem Abend vor dem heimischen Fernseher tendiert habe (der NDR berichtet ja live), kam die Einladung der AIDA-Pressestelle auf die „Foto-Barkasse“. OK, das ist dann natürlich auch eine Option ... :-)

23. April 2016

Das erste Mal auf der AIDAprima

Nachdem ich ja ursprünglich erst heute Morgen mit der Bahn nach Hamburg fahren wollte, habe ich meinen Plan kurzfristig umgeworfen und bin aufgrund der von der Bahn heute morgen eingerichteten Baustelle zwischen Kassel und Hannover dann doch schon gestern angereist, so dass ich heute früh ausgeruht nach einem ausgiebigen Frühstück im Hotel mit dem Taxi zum Cruise Center Steinwerder fahren konnte. Die Shuttlebusse fahren ja erst ab etwa 11.00 Uhr, so dass das für meinen ersten Termin auf dem Schiff zu spät gewesen wäre - um 9.30 Uhr werde ich nämlich zu einer Führung für Pressevertreter an Bord erwartet. Die Fahrt dauert knapp zwanzig Minuten und kostet 25 € - vielleicht für diejenigen interessant, die auf die Shuttlebusse von AIDA verzichten wollen, obwohl sich das zumindest aus finanzieller Sicht nicht unbedingt lohnt.

Natürlich ist der Check-In jetzt noch nicht möglich und auch meinen Koffer werde ich nur los, da ich das im Vorfeld mit AIDA entsprechend vereinbaren konnte - und so „entere“ ich, ausgestattet mit einer „Visitor Card“ mit mehreren Pressevertretern und einem TV-Team gegen 10.00 Uhr erstmals die AIDAprima. Und irgendwie bin ich (fast) genauso aufgeregt wie beim ersten Mal vor mehr als zehn Jahren auf der AIDAvita.

Ich betrete das Schiff über die Gangway, die im Theatrium auf Deck 6 endet, und stelle fest: „Kenne ich“. Mir kommt alles irgendwie bekannt vor, ich fühle mich irgendwie wie zu Hause. Obwohl das Theatrium auf den Decks 6 bis 8 natürlich nicht da ist wo es auf den anderen Schiffen ist. Aber gut - irgendwas muss ja anders sein bei einem Schiff, dass auf rund 300 Meter Länge und 17 Decks mehr als 3.000 Passagiere aufnehmen kann.

Und das werde ich im Verlauf der nächsten rund drei Stunden und gefühlt knapp 10 Kilometer Fußmarsch auch noch merken - Design und Einrichtung vermitteln sofort das typische AIDA-Gefühl, das Konzept ist - zumindest in Teilen - aber ein anderes.

Im Moment reisen noch die letzten Gäste der vorherigen Reise für Reisebüromitarbeiter ab, dennoch ist das Schiff bereits ziemlich leer, so dass sich gute Gelegenheiten für Fotos ergeben. Und die gibt es zahlreich bei unserem Rundgang, der uns zunächst einmal nach oben auf Deck 15 führt. Hier befindet sich der „Beach Club“ - das ist der Bereich, der auch im Winter karibisches Feeling erzeugen soll. Und das gelingt erstaunlich gut. Dieser über zwei Decks gehende Bereich ist mit einem Foliendom zur Außenwelt abgeschottet, der jedoch licht- und UV-durchlässig ist und es erlaubt, die Temperatur bei etwa 26-27°C zu halten ohne dass das Gefühl aufkommt, in einem Innenbereich zu sein. Im Gegenteil - irgendwie haben wir das Gefühl, draußen auf dem Pooldeck zu sein.

Ich kann mir also durchaus vorstellen, bei Wind und Wetter hier in der Badehose am Pool zu liegen, einen Cocktail an der nahegelegenen AIDA-Bar zu schlürfen oder auch nachts bei Schneefall eine rauschende Poolparty zu feiern. Die Grundidee des „Ganzjahresschiffes“ scheint zumindest hier schon einmal aufzugehen.

Aber zunächst einmal führt uns unser weiterer Weg in das „Four Elements“, den „Fun-Bereich“ an Bord der AIDAprima. Und hier sehen wir dann auch gleich den zweiten Baustein des neuen Konzeptes - die Verteilung von über 3.000 Passagieren an Bord, so dass sich nicht alle in die Quere kommen. Das Schiff ist so gestaltet, dass es verschiedene Bereiche gibt, auf die sich die

Passagiere verteilen (sollen) - ganz nach persönlichen Vorlieben. Der eine wird vielleicht in einer der Bars rund um das Theatrium verweilen, der andere im Beach Club „in der Sonne“ liegen, insbesondere Kids, Teens und andere an „Activity“ interessierte Passagiere im „Four Elements“ toben, Wellness-Freunde im Organic Spa relaxen und wieder andere auf der „Plaza“, der Shoppingmeile an Bord, flanieren.

Doch zurück ins „Four Elements“ - hier befindet sich alles, was irgendwie mit „aktiv“ zu tun hat. Der Lazy River, der Kletterpark, die beiden Wasserrutschen „Racer“, der Bereich für Kids und Teens, das Familienrestaurant „Fuego“, die Bar „5. Element“ sowie eine LED-Wand mit Tribüne, u.a. für Kinoabende. Und auch dieser Bereich ist entsprechend auf 26-27°C temperiert.

Rund um das Four Elements verläuft im Übrigen der Joggingparcours und direkt daneben befindet sich das Sportfeld, das im Winter zur Eisbahn umfunktioniert werden kann (aktuell haben wir jedoch augenscheinlich „Sommer“).

Im vorderen Bereich des Schiffes befindet sich eine weitere Neuerung - das „Patiodeck“. Dieses liegt direkt über der Brücke und bietet einen atemberaubenden Blick nach vorn - wer mag, auch aus einem der beiden Infinitypools, die in Fahrtrichtung angeordnet sind. Eine eigene Bar, die Patiobar, sowie viele Ruheliegen laden zum Entspannen ein. Allerdings ist dieser Bereich meinem ersten Eindruck nach nicht so richtig windgeschützt - und auch eine Überdachung ist nicht vorhanden. Ich könnte mir vorstellen, dass das Konzept „Ganzjahresschiff" hier an seine Grenzen stößt - aber dazu kann ich während meiner Metropolentour (also irgendwo weiter hinten in diese Buch) dann sicher mehr sagen.

Denn: das „Patiodeck" ist Bestandteil des „Schiff-in-Schiff"-Konzepts. Und das besagt, dass es mehrere Bereiche gibt, die nicht allen Passagieren zur Verfügung stehen. Das ist einerseits die „AIDA Lounge", die ausschließlich von Suitengästen genutzt werden kann (dazu dann auch später mehr) und andererseits das Patiodeck, das neben den Suitenbewohnern nur den Bewohnern der sogenannten „Panoramakabinen" zur Verfügung steht.

Bei diesen handelt es sich im Wesentlichen um Verandakabinen, die jedoch allesamt auf Deck 16 (also um das Patiodeck herum) angesiedelt sind. Wer also Wert auf einen exklusiven Sonnenbereich in exponierter Lage legt, ist mit einer solchen

Kabine (oder einer Suite) richtig bedient. Und auch wenn laut Katalog dieses Deck nur Reisenden ab 16 Jahren zur Verfügung stehen sollte, hat man sich da inzwischen anders entschieden, d.h. dass auch Kinder und Jugendliche, die in Panoramakabinen oder Suiten reisen, das Deck nutzen dürfen (was ja auch eine gewisse Logik hat).

Wir setzen unseren Weg fort und fahren mit den „Discofahrstühlen" (bei diesen Fahrstühlen leuchten am Boden die Stellen auf, auf denen man steht) nach unten auf Deck 8 in den Organic Spa, wo wir die Gelegenheit, dass aktuell keine Passagiere an Bord sind, nutzen können, um diesen Bereich zu besichtigen. Fünf Saunen erwarten uns hier, ein großer Saunaaußenbereich mit zwei Whirlpools, die Wellness Oase mit Außenbereich und mehreren Whirlpools sowie unzählige Behandlungsräume für Massagen und ähnliche Anwendungen. Analog der Wellness Oase auf den anderen Schiffen der Sphinx-Klasse kann auch der Organic Spa nur mit einer „Eintrittskarte" genutzt werden - diese kostet pro Tag 29 € (eine Wochenkarte liegt bei 99 €) und wird erst ab 16 Jahren angeboten.

Neu ist jedoch in diesem Zusammenhang jedoch, dass auch die Saunen in diesen Bereich integriert sind und somit eine kostenlose Saunanutzung wie auf den anderen Schiffen der AIDA-Flotte erstmals nicht mehr möglich ist. Im Gegenzug bietet man anstelle der zwei bis drei Aufgüsse jetzt Aufgüsse im Halbstundentakt an und hat das Saunaangebot um eine mit Echtholz ausgestattete Kelosauna erweitert.

Von Wellness zum Shopping - das sind hier nur ein bis zwei Decks. Auf Deck 6 und 7 erwartet uns nun nämlich der „Plaza“, die Shopping- und Erlebnismeile an Bord. Neben den verschiedensten Shops gibt es hier auch immer mal etwas Entertainment sowie die „Scharfe Ecke“ (hier gibt es Currywurst bis spät in die Nacht) und „Tapas & Bar“, wo es - der Name verrät es ja schon - spanische Appetithäppchen gibt. Beides ideal passend zur Disco „D6“ sowie dem „Nachtclub“ an Bord, der „Nightfly Bar“, die sich beide in unmittelbarer Nähe befinden.

Geht man durch die Nightfly Bar hindurch (Zutritt hier ist übrigens erst ab 18 Jahren), gelangt man zu einer weiteren Bar - die ganz in weißer Farbe gehaltene „Spray Bar“. Diese Champagner Bar wird in Kooperation mit Moët & Chandon betrieben und erstreckt sich über Deck 6 und 7 in der Bugspitze. Und bietet damit auf Deck 7 die

Möglichkeit, ganz vorn (weiter vorn geht nicht) mal die Nase in den Wind zu halten. Hier zu stehen und die Hafeneinfahrt in New York zu genießen - das wäre ein Traum.

Dummerweise fährt die Prima allerdings nicht nach New York - und die hiesigen Hafeneinfahrten sind nicht ganz so spektakulär und finden in der Regel auch morgens statt - und das ist wiederum mit den Öffnungszeiten der Spray Bar nicht kompatibel. Muss man halt mal schauen, ob und wie das angenommen wird. Wer aber mal einen interessanten Ort für einen Heiratsantrag sucht - der könnte hier in der Tat fündig werden.

Wir verlassen die Bar durch eine „Crew only" Tür und stehen mitten im Sportbereich. Hier finden wir alles das, was wir auch auf den anderen Schiffen so finden - nur etwas größer. Dafür mit weniger natürlichem Licht. Hier gibt es nur einige wenige Fenster, durch die man vom Crosstrainer oder Laufband nach draußen sehen kann ... schade, das hat mir eigentlich immer gut gefallen, wenn man sich schon mal zum Sport aufrafft, dass man dann zumindest das Meer sehen kann.

Unsere letzte Station sind dann die Restaurants - und die befinden sich allesamt (das „Fuego" auf Deck 14 einmal ausgenommen) ebenfalls auf Deck

6 und 7, und zwar wie üblich im hinteren Bereich. Neben den bekannten Buffetrestaurants (Marktrestaurant, Weite Welt, Bella Donna, East Restaurant) und den drei Spezialitätenrestaurants (Buffalo Steak House, Rossini und Sushi Bar) gibt es hier - neben dem Brauhaus - noch zwei neue Servicerestaurants: das French Kiss (französische Küche) und das „Casa Nova" (italienische Küche).

Und damit verbunden auch ein neues Konzept - und das heißt „Reservieren". Man kann in allen Restaurants bereits im Vorfeld der Reise auf MyAIDA oder in einer speziellen App für das Smartphone Reservierungen vornehmen. Oder dann spätestens an Bord (bei Verfügbarkeit). Ob und wie das im Echtbetrieb klappt und wie das - im Gegensatz zum bisherigen Konzept - angenommen wird (bislang hat sich AIDA ja insbesondere dadurch ausgezeichnet, dass ich hier im Vorfeld noch nicht planen musste, wann ich wo essen möchte, sondern spontan nach Lust, Laune, Appetit und Hunger entscheiden konnte) werde ich auf den kommenden drei Reisen dann ja sehen.

Wir nähern uns dem Ende unseres Rundgangs und beschließen diesen mit einem Drink in der Lanai-Bar, vielleicht der schönsten Bar auf dem Schiff. Diese liegt am Heck von Deck 7 (vergleichbar mit der Ocean Bar auf den kleinen Schiffen) und könnte - Wetter vorausgesetzt - der abendliche „Place-to-be“ werden.

Und da wir an dieser Bar schon nicht mehr alleine sind, sondern sich die ersten neu angereisten Gäste unter uns mischen, wird es zumindest für mich Zeit, das Schiff wieder zu verlassen, um nach dem Check-In dann erneut auf die AIDAprima zu gehen - dieses Mal dann als „echter“ Gast.

Allerdings merke ich schon beim Rückweg über die Gangway, dass ich jetzt nicht der einzige bin, der auf das Schiff will: durch das komplette Cruise-Terminal schlängeln sich die Passagiere, um einen der Check-In-Schalter zu erreichen oder einen der Express-Check-In-Automaten in Beschlag zu nehmen - und auch wenn rund 900 Passagiere pro Stunde eingecheckt werden, ist nun doch mit einer gewissen Wartezeit zu rechnen. Zumal ja fast alle Passagiere den Clubstufen „Grün“ bzw. „Gold“ angehören und damit alle „Anspruch“ auf die Überholspur haben - von daher gibt es da auch keinen wirklichen Plan B. Hier ist jetzt also Warten angesagt ...

Und zwar rund eine Stunde ... dann habe auch ich es an die Spitze der Schlange geschafft und kann für die erste „halb-offizielle“ Reise der AIDAprima einchecken. Meine Kabine ist die 12108, eine Verandakabine mit getrennten Bädern, die ich ursprünglich für die 50-tägige Jungfernfahrt von Yokohama nach Dubai gebucht hatte und die ich somit automatisch auch für diese Reise erhalten habe.

Check-In, Sicherheitskontrolle und Willkommensfoto gehen relativ schnell und so bin ich rund zehn Minuten später in meiner Kabine. Mein Koffer ist noch nicht da (mit etwas Glück kommt der noch - schließlich hat der ja einen anderen Weg vor sich gehabt als das Gepäck der anderen Passagiere), aber die Kabine ist schon bezugsfertig und so kann ich mich wenigstens mal von meinem Handgepäck trennen und einen ersten Blick in die Kabine werfen.

Die Verandakabine 12108 befindet sich im vorderen Bereich des Schiffes auf der Steuerbordseite. Sie ist - ohne Veranda - rund 21 m^2 groß (und damit etwa vier m^2 größer als die Balkonkabinen auf der Sphinx-Klasse - und das merkt man auch! Der Balkon dieser Kabine hat aufgrund der Lage im vorderen Bereich zwar eine Stahlbrüstung, dafür ist er etwa doppelt so tief wie die Balkone der „normalen" Verandakabinen. Die vordere Hälfte des Balkons ist dabei seitlich nach außen verschoben, so dass man vom Balkon aus einen perfekten Blick sowohl nach vorn (unter der Brückennock durch) als auch nach hinten hat.

Bei der Kabine handelt es sich um eine Verandakabine Komfort, die mit zwei Bädern ausgestattet ist. „Zwei Bäder" bedeutet in diesem Fall, dass sich in einem Raum die Dusche und ein Waschbecken befinden und in einem zweiten Raum das WC sowie ein weiteres Waschbecken.

Zusätzlich befinden sich in der Kabine zwei Kleiderschränke, die sich Dank klappbarer Regelböden entweder zum Aufhängen von Kleidung oder alternativ als Schrank mit Regelbrettern nutzen lassen. An der Innenseite einer der Schranktüren befindet sich ein Ganzkörperspiegel, im anderen Schrank befinden sich hier mehrere, in der Höhe verstellbare, Drahtkörbe. Der Safe ist ebenfalls in einem der Schränke untergebracht, ist jedoch wie auf den anderen Schiffen auch eher klein (für ein Tablet, Handy, Portemonnaie, Schmuck, Uhren und Schlüsselbund aber gut ausreichend).

Der Schreibtisch in der Kabine ist - im Vergleich zur Sphinx-Klasse - relativ groß, besitzt einen Unterbauschrank mit zwei weiteren Regalfächern sowie zwei Schubladen, bei denen die eine den obligatorischen Fön (fest verkabelt) beinhaltet. Zusätzlich gibt es ein nach oben klappbares Fach, in dessen Deckel sich ein Spiegel befindet (dieser ist höhenmäßig aber wohl nicht geeignet, um beim Föhnen genutzt zu werden). Das Telefon ist fest an der Wand befestigt (und steht damit nicht im Weg herum), eine Ladeschale für die Fernbedienung des Bildschirms befindet sich ebenfalls hier. Nichts geändert hat sich an der Zahl der Steckdosen - es befinden sich zwei Steckdosen am Schreibtisch und weiterhin keine an den Betten - dafür sind zwei USB-Ladebuchsen am Schreibtisch dazu gekommen (was im Prinzip ja eigentlich zwei Steckdosen ersetzt).

Der Bildschirm über dem Schreibtisch ist seitlich schwenkbar, so dass das Bild sowohl von der Couch als auch vom Bett aus problemlos zu sehen ist. Bei der Größe ist man nicht wirklich sparsam gewesen - der Bildschirm misst satte 42 Zoll in der Diagonale.

Neben den AIDA- und Fernsehprogrammen kann hiermit über das Bordportal auch auf das Tagesprogramm, das Bordkonto, aktuelle Nachrichten, Bordinfos (Restaurantöffnungszeiten und -auslastung, Reservierungen, Deckpläne und vieles mehr) zugegriffen werden - die Steuerung erfolgt dabei mit der Fernbedienung, die auch als Maus fungiert (ähnlich einer Nintendo Wii) und sogar einen RFID-Leser für die Bordkarte eingebaut hat, so dass die Legitimation nicht zwingend mit Name, Kabinennummer und PIN sondern alternativ auch mit der Bordkarte erfolgen kann.

In der Kabine befindet sich ein Doppelbett (kann nicht auseinandergestellt werden) sowie eine Couch, die zu einem weiteren Bett umgebaut werden kann. Ein viertes Bett befindet sich dann als Pullmannbett in der Decke, so dass dieses bei Bedarf über der Couch abgesenkt werden kann.

Auf der Veranda befinden sich zwei Stühle, ein kleiner Hocker sowie ein kleines Beistelltischchen - und die obligatorische Hängematte.

Da mein Koffer noch nicht da ist, nutze ich jetzt erst einmal die Gelegenheit und mache mich auf den Weg ins Brauhaus zum Mittagessen. Das ist eine der Neuerungen hier an Bord - das Brauhaus wird auch regelmäßig zum Frühstück und zum Mittagessen geöffnet, wobei es mittags eine abweichende Karte gibt. Und so entscheide ich mich mal für ein halbes Hähnchen mit Pommes bevor ich mich wieder auf den Weg mit meiner Kamera durch das Schiff mache, um alles das zu

Fotografieren, was ich heute morgen noch nicht gesehen habe. Und das ist einiges ...

Ich unterbreche meinen Rundgang kurz an das Plaza, genauer gesagt, an der „Scharfen Ecke“ und probiere eine der Currywürste, die im Vorfeld so hoch gelobt wurden. Wie immer ist so etwas natürlich Geschmackssache, aber tendenziell würde ich eine Rindswurst einer Bratwurst vorziehen - wobei das Gewürz allerdings sehr lecker ist (zumindest in der Ausführung „scharf“).

Den restlichen Nachmittag verbringe ich dann mit Kofferauspacken sowie weiteren Spaziergängen über das Schiff bevor dann die erste Seenotrettungsübung angesetzt ist. Und wer die von den anderen Schiffen schon kennt, wird hier kaum überrascht sein - sie läuft nämlich genauso ab. Wenn man mal davon absieht, dass die Ansagen (die auch hier in Deutsch und in Englisch erfolgen) von einer Frauenstimme vorgetragen werden - und die Musterstationen innenliegend sind. Das ist in der Tat neu - und führt dazu, dass viele jetzt doch ein bisschen warm angezogen sind. Klar, wenn man davon ausgeht, dass man bei knapp 5°C eine halbe Stunde draußen stehen muss, zieht man sich halt anders an, als wenn man gewusst hätte, dass wir jetzt eine Dreiviertelstunde vor dem Fotoshop stehen. Von daher macht es sicher Sinn, vor der Übung doch mal auf das Sicherheitsposter an der Kabinentür zu schauen, wo man die Zeit denn genau verbringt.

Die Anwesenheitskontrolle wird im Übrigen nach wie vor anhand von Papierlisten durchgeführt - weder werden die Bordkarten elektronisch eingescannt (warum eigentlich nicht) noch erfolgt eine Kontrolle anhand von RFID-Armbändern (wie dies ja wohl mal angedacht war oder vielleicht auch irgendwann noch mal kommen wird). Aber auch diese Übung geht vorbei - jetzt noch die Rettungsweste auf die Kabine bringen (die hier übrigens noch mal etwas größer und umständlicher in der Handhabung geworden ist und einen zusätzlichen Gurt hat, den man zwischen den Beinen durchziehen muss - und den sollte man vorsichtshalber mal nicht zu fest machen ... nur so als Tipp) und dann geht es auch schon in Richtung des Abendessens.

Und so treffe ich mich jetzt mit Freunden im Brauhaus. Erstaunlicherweise wird hier für alle Gäste das gleiche Menü ausgegeben - eine Bestellung à la carte ist nicht möglich. Hm, das kennen wir so auch noch nicht - aber OK, ein 3-Gang-Menü mit einem Brotzeitteller als

Vorspeise, einem Schnitzel mit Pommes und Roter Grütze als Dessert ist ja nun nicht wirklich schlecht.

Spannend wird es allerdings, als wir nach dem Hauptgang nach unserer Einladung gefragt werden. Einladung? Welche Einladung? Und da erfahren wir, dass im Vorfeld der Reise etwa 200 Personen zum Abendessen ins Brauhaus eingeladen wurden. Und das selbe dann noch mal um 20.30 Uhr. Und von daher sei man verwundert, dass wir uns da einfach so hingesetzt hätten. Womit dann jetzt ja schon mal zwei Leute verwundert wären - wir nämlich auch. Wenn man das Ganze als „geschlossene Veranstaltung" hätte durchführen wollen, wäre es sicherlich nicht verkehrt gewesen, am Eingang ein entsprechendes Schild zu platzieren oder zumindest dort nach den Einladungsschreiben zu fragen (so wie man das im French Kiss und im Casa Nova wohl gemacht hat) - wie hätten wir das sonst erkennen sollen? Zumal in der AIDA Heute das Brauhaus in der Rubrik „Abendessen" ganz normal aufgeführt ist ...

Wie auch immer - wir durften dann bleiben ... und mussten das Schnitzel auch nicht wieder zurückgeben ;-) Wenn man dieses Konzept mit den Einladungen, die wohl dazu dienen sollen, am

Anreisetag für etwas Entzerrung in den Buffetrestaurants zu sorgen, so beibehalten will, sollte man an dieser Stelle ggf. nachbessern - ansonsten wird es analoge Situationen immer wieder geben (und wie wir am nächsten Tag erfahren werden, sind wir nicht die einzigen gewesen, denen es so ergangen ist).

Unser nächster Programmpunkt wäre normalerweise die „Welcome Party" gewesen - doch auch die haben wir so nicht gefunden. Es gibt derer jetzt nämlich vier: eine im Four Elements für Familien (die auch zeitlich etwas früher liegt), eine im Beach Club (statt Sekt gibt es hier „Sex on the Beach"), eine im Plaza (wie gewohnt mit Sekt) und eine im Brauhaus (hier mit Bier statt Sekt). Dieses „dezentrale Welcome" soll ebenfalls zur Entzerrung beitragen - und trägt der Tatsache Rechnung, dass es auf dem Schiff keinen Ort gibt, auf dem alle Passagiere gleichzeitig Platz finden.

Und so schauen wir noch mal im Beach Club vorbei, stellen fest, dass hier tatsächlich Poolpartys (die hier Beach Partys heißen) gefeiert werden können ohne dass man erfriert und die technische Ausstattung durchaus sehens- und hörenswert ist. Über dem Pool lässt sich eine Wasserwand erzeugen, die dann gleichzeitig als Projektionsfläche dient (ebenso wie das Foliendach), so dass da durchaus interessante Licht-und Laserspiele möglich sind. Das hat was ...

Aber irgendwann geht auch der längste Tag mal zu Ende und so mache ich mich jetzt auf den Weg in meine Kabine, um die erste Nacht auf der AIDAprima zu verbringen bevor ich morgen einen ganzen Seetag Zeit für weitere Erkundungen habe.

24. April 2016

Der erste Seetag auf AIDAprima

Ich wache auf und werfe als erstes Mal einen Blick aus dem Fenster ... und bin freudig überrascht: fährt doch die AIDAmar direkt neben uns. Seit Hamburg „verfolgt" sie uns nun auf ihrer letzten Metropolentour, die ab der kommenden Woche dann ja von uns übernommen werden wird. Und wenn auch die Sonne nicht wirklich scheint, so ist auch dieser Blick von der Veranda ein Foto Wert.

Das Wetter ist es nämlich nicht. Es ist kalt, es regnet und der Wind pfeift um uns herum - und genau so sieht es auch aus, wenn man aufs Meer schaut. Die Wellen schaukeln mit rund vier Meter Höhe um uns herum und auch die Prima wiegt sich in der See.

Von daher eigentlich genau das richtige Wetter, um ein „Ganzjahresschiff" kennenzulernen. Aber zunächst verschlägt es mich mal ins Brauhaus zum Frühstück. Ja, richtig gelesen - hier gibt es auch im Brauhaus Frühstück. Und zwar mehr oder weniger das gleiche wie in den anderen Restaurants auch - allerdings ist das Buffet ein bisschen reduziert.

Kaffeespezialitäten werden auf Bestellung geliefert, müssen jedoch - wie in den anderen Restaurants auch - bezahlt werden. Hiervon ausgenommen sind auf dieser Welcome Cruise lediglich die Clubmitglieder der Stufe „Gold“, da aufgrund der hohen Anzahl an Bord kein exklusives Frühstücksangebot besteht. Weiß ich, weiß aber nicht der Kellner. Noch nicht ... jetzt steht der Cappu da - und für lau ist er auch :-)

Und ansonsten bietet sich ein solcher Tag natürlich optimal an, um den Organic Spa kennenzulernen. Ich hatte zu Hause über MyAIDA bereits für den heutigen Seetag in weiser Voraussicht eine Tageskarte für 29 € gebucht - und kann meinen Plan somit in die Tat umsetzen. Wer diese Idee erst beim Blick aus dem Fenster heute morgen hatte, geht jetzt leer aus. Der Zutritt in den Organic Spa ist nämlich reglementiert, um eine Überfüllung zu vermeiden - und wenn die vorhandenen Karten weg sind, sind sie weg.

Einerseits verstehe ich das System, andererseits führt das natürlich aber auch zu viel Unzufriedenheit. Selbst wenn man davon ausgeht, dass 300 Tageskarten vorhanden sind (die Angaben hierzu sind leider etwas widersprüchlich und reichen von 120 Karten bis zu 300 Karten), bedeutet das immer noch, dass bei ausgebuchtem Schiff über 90% der Passagiere den Bereich nicht nutzen können. Zumal natürlich nicht jeder, der eine Tages- oder Wochenkarte (diese werden dann auf den Metropolenreisen für 99 € angeboten) sein Eigen nennt, rund um die Uhr im Organic Spa sitzt - je nach Tageszeit habe ich auch schon allein beim Saunaaufguss in der Kelosauna gesessen ... Von daher bin ich mal gespannt, ob das System so bestehen bleibt oder hier noch einmal nachgebessert wird ...

Aufgrund der Integration der Saunalandschaft, die hier an Bord aus einer Kelosauna (knapp 100°C), einer Finnischen Sauna (90°C), einer Biosauna (55°C), einer Kräutersauna (55°C) und einem Dampfbad besteht, in den Organic Spa ergibt sich allerdings noch eine weitere Veränderung zu den anderen zehn Schiffen: der Saunabereich ist nicht mehr frei zugänglich, sondern steht nur noch denjenigen zur Verfügung, die eine Tages- oder Wochenkarte für den Organic Spa haben. Damit verbunden ist dann auch die Zutrittsbeschränkung von 16 Jahren, was insbesondere für Familien etwas unglücklich gelöst ist - gibt es doch durchaus aus Kinder und Jugendliche, die gern in die Sauna gehen (und auch wissen, wie man sich dort zu benehmen hat).

Natürlich drängeln sich nun bei den Aufgüssen, die im Übrigen (von einer Mittagspause abgesehen) im Halbstundentakt stattfinden, keine Menschenmassen mehr in den Saunen - teilweise gibt es dann jetzt sogar mal „1:1-Aufgüsse“. Gerade diejenigen, die gern mal für einen oder zwei Saunagänge nach dem Sport oder einem Tagesausflug in die Sauna gegangen sind, müssen das bei Buchung der AIDAprima berücksichtigen.

Der Organic Spa an sich ist sehr großzügig gestaltet, hat von 7 - 24 Uhr geöffnet und besteht neben den Räumen für die Massagen und Anwendungen aus der Wellness Oase mit separatem Außenbereich, einem großen Ruheraum, zwei separat buchbaren Wellness Suiten sowie der Saunaanlage mit Außenbereich.

Aktuell hat man hier auch noch mit Anfangsschwierigkeiten zu kämpfen - die Duschen liefern wahlweise eiskaltes oder kochend heißes Wasser (die Temperaturen dazwischen hat man irgendwie vergessen), die Whirlpools befinden sich ständig im „Reinigungsmodus“ oder sind nicht wirklich warm (da könnte man vielleicht das Wasser aus den Duschen sinnvoll einsetzen) und die Schließfächer funktionieren nur mit den Bordkarten der Mitarbeiter nicht aber mit denen der Passagiere. Aber damit muss man auf so einer Reise wohl auch rechnen - die dürften wohl bald der Vergangenheit angehören. Hoffentlich.

Ein Problem wird aber wohl bestehen bleiben: scheinbar wurde der Saunabereich von jemandem geplant, der noch nie in der Sauna war oder nur Saunen auf amerikanischen Schiffen kennt. Zum einen sind sämtliche Scheiben in den Saunen, die zum Außenbereich gehen, nicht verspiegelt. Das ist auf See natürlich vollkommen belanglos, da sich im Außenbereich ja auch nur Saunabesucher aufhalten - im Hafen sieht das dann aber schon anders aus - der Außenbereich ist ja auch nur mit einer Reling aus Glas versehen, so dass aus den Hafenterminals oder daneben liegenden Schiffen dann interessante Einblicke möglich werden. Aber damit befindet sich AIDA jetzt ja in guter Gesellschaft: TUI hat auf der Mein Schiff 3 und der Mein Schiff 4 ja auch auf verspiegelte Scheiben verzichtet, wie ich seinerzeit auf Korfu feststellen durfte, als wir neben einem MSC-Schiff im Hafen lagen und ich unfreiwillig zum Instagram- und Facebook-Motiv wurde

Noch ärgerlicher ist allerdings die Gestaltung des Außenbereichs. Dieser ist von den darüber liegenden Balkonen vollständig einsehbar. Und das ist für einen Saunaaußenbereich eigentlich ja nicht Stand der Technik. Da dürfte es nur eine Frage der Zeit sein, bis Schilder darauf hinweisen, dass der Bereich nur in Badekleidung genutzt werden darf - und das wäre sehr schade, da es jetzt erstmals auf einem AIDA-Schiff einen adäquaten Außenbereich für die Sauna gibt. Und niemand, der aus der Sauna kommt, möchte vor Benutzung des Whirlpools erst einmal in eine nasskalte Badehose steigen - mal ganz davon abgesehen, dass die wenigstens wohl eine dabei haben werden, wenn sie in die Sauna gehen.

Aktuell verhindert zumindest das schlechte Wetter ein Aufeinandertreffen von Balkonnutzern und FKK-Whirlern - während es diese sehr wohl gibt (praktisch jeder, der in der Sauna war, geht danach in den Whirlpool), sind auf den Balkonen keine Passagiere zu sehen. Aber warten wir mal ab, bis das erste Mal die Sonne scheint.

Ich unterbreche meinen Besuch im Organic Spa zum Mittagessen - heute teste ich mal das Fuego. Dieses Familienrestaurant, dessen Schwerpunkt auf Burger und Pizza liegt, ist direkt in das Four Elements auf Deck 14 integriert und hat nachmittags bis 17.00 Uhr geöffnet, um nach einer Pause von 18.30 Uhr bis Mitternacht erneut zu öffnen. Und aktuell gibt es während der kompletten Öffnungszeiten dort auch alle Getränke umsonst. Ob das so bleibt oder an das aktuelle Modell angeglichen wird, das auf den anderen Schiffen im California Grill bzw. der Pizzeria Mare gilt, werden die nächsten Reisen weisen. Im Moment führt das eher dazu, dass die meisten Passagiere ihre Getränke kostenlos im Fuego holen und sich damit dann im Four Elements aufhalten - folglich ist die dortige Bar „5. Element" eher nicht überlaufen. Und noch ein Nachteil ist damit verbunden: die Passagiere schleppen massenweise Gläser aus dem Fuego in den Poolbereich (anstelle der Plastikbecher, die es an den dortigen Bars gibt) - da sind die ersten Schnittverletzungen aufgrund heruntergefallener Gläser wohl nur eine Frage der Zeit.

Am Nachmittag nutze ich erneut meine Karte für den Organic Spa, bis wir uns zum Abendessen wieder im Brauhaus treffen. Und hier gibt es heute dann auch das Abendessen à la carte, so dass wir mal schauen, wie die Haxe an Bord so schmeckt. Mit durchaus positivem Ergebnis. Wobei wir leider feststellen müssen, dass die Karte zwar um die Brauhausente bereichert wurde, gleichzeitig aber die Brauhauspfanne (und die war m.E. das

Highlight hier!) offensichtlich irgendwelchen Kürzungen zum Opfer fiel. Schade ... :-(

Den restlichen Abend verbringen wir dann im Theatrium - hier gibt es zunächst die Prime Time mit Entertainment Manager Stephan (der seine Sache im Übrigen super macht - man könnte ihn auch als echte „Rampensau“ bezeichnen), bei der heute Kapitän Harms zu Gast ist und anschließend die neue Show „Absolutely Everybody“, bei der es zum Schluss niemanden mehr auf seinem Platz hält.

Bevor es jetzt ins Bett geht, werfen wir noch einen Blick in die neue Snackbar „Tapas & Bar“, die sich im Plaza auf Deck 6 befindet. Die Speisekarte bietet dabei die Auswahl zwischen verschiedenen kalten und warmen Tapas (im Reisepreis enthalten) sowie verschiedenen spanischen Weinen, aber natürlich auch anderen Bargetränken (diese müssen bezahlt werden).

Und so endet auch schon der letzte Tag der Welcome Cruise - morgen früh heißt es dann schon wieder „Auf AIDAsehen“ - glücklicherweise in meinem Fall in Verbindung mit „Willkommen Zuhause auf AIDA“. Hab’ ich schon gesagt, dass ich es mag, wenn ich mehrere Reisen hintereinander kombinieren kann? ;-)

25. April 2016

Eine Reise endet, die nächste beginnt ...

Ich mag Wechseltage. Besonders die, bei denen ich nur die Kabine wechseln muss. :-) Und so beginne ich zunächst mit dem Frühstück, heute mal im Weite Welt Restaurant, in dem wir auch problemlos einen Platz finden. Nur auf meinen Cappuccino muss ich leider verzichten, da die Kaffeeautomaten heute wohl kollektiv kaputt gegangen sind. Naja, wie auch immer - muss es halt mal mit einem normalen Kaffee gehen ...

Ich verabschiede mich von meinen Freunden, die im Gegensatz zu mir heute abreisen müssen und bereite mich auf den Kabinenwechsel vor. Hierzu soll ich zwischen 9.00 Uhr und 10.00 Uhr an der Rezeption vorsprechen, so dass man mir meine neue Bordkarte aushändigen kann. Und das mache ich dann auch - so wie all' die anderen, die auch noch die anschließende Kurzreise gebucht haben. Von daher ist hier erst einmal Warten angesagt - aber irgendwann stehe auch ich vorn in der Reihe, so dass ich zum einen meine neue Bordkarte erhalte sowie eine Karte, mit der ich einmalig meine alte Kabine betreten kann, um mein Gepäck zu holen. Dummerweise will man meine alte Bordkarte einbehalten, da diese systembedingt noch bis zum Ende der Kurzreise funktionieren würde ... Und da das nun gar nicht in mein System passt (da muss diese Karte nämlich in einen Bilderrahmen an die Wand zu Hause) können wir uns einigen, dass man die Karte für mich hinterlegt und ich diese am Ende der Kurzreise an der Rezeption abholen kann. Bin mal gespannt, ob das tatsächlich so funktioniert ...

Jetzt gehe ich zunächst aber mal in meine alte Kabine, hole meinen vorbereiteten Koffer und mache mich dann auf die Suche nach meiner neuen Unterkunft für die nächsten fünf Tage: die Lanaikabine 8104, direkt am Lanaideck gelegen. Ob das gut ist oder nicht, wird sich in den nächsten Tagen zeigen - ein Gefühl habe ich aber schon.

Nachdem ich die erste Reise ja ziemlich weit vorn verbracht habe, zieht es mich jetzt mehr in Richtung Schiffsmitte: die Lanaikabine 8104 befindet sich im mittleren Bereich des Schiffes auf der Steuerbordseite. Besonderheit der Lanaikabine (gegenüber einer Verandakabine) ist der Wintergarten, der zwischen der eigentlichen Kabine und der Veranda eingebaut ist. Dieser lässt sich bei Bedarf (also bei Sonne) komplett zur Veranda hin öffnen, so dass sich deren Größe praktisch verdoppelt. Bei eher schlechtem Wetter lässt man die Glastüren geschlossen und hat dann einen wind- und regengeschützten Platz.

A propos „regengeschützt" - die Veranda ist dies nicht. Bei Regen kann die Veranda also nicht genutzt werden. Und die fehlende Überdachung führt dann auch dazu, dass fast der komplette Balkon von den darüber liegenden Balkonen einsehbar ist … das muss man also schon mögen, so auf dem Präsentierteller zu liegen ;-)

So ein bisschen ein Rätsel ist mir auch noch die Klimatisierung des Wintergartens. Da dieser eine eigene Klimaanlage hat, ging ich davon aus, dass man den auch unabhängig von der Kabine heizen kann. Das geht wohl auch - aber laut Rezeption bis maximal 20°C. Von daher ist die Klimaanlage wohl eher für den Sommer gedacht, um den Wintergarten abzukühlen - beim aktuellen Wetter geht hier ohne Mantel erst einmal nichts. Mal schauen, wie sich das in den nächsten Tagen so entwickelt.

Die Kabine selbst unterscheidet sich ansonsten praktisch nicht von einer Verandakabine Komfort mit zwei Badezimmern. Allerdings hat man von der Veranda keinen direkten Blick aufs Meer, da zwischen Veranda und Schiffsaußenseite das Lanaideck liegt. Und damit verbunden hat man auch immer etwas Leben vor der Kabine, da sich auf dem Lanaideck mit seinen Whirlpools (einer liegt praktisch direkt vor der Kabine), Liegen und Strandkörben natürlich viele Passagiere aufhalten. Eine „ruhige Lage" würde ich anders definieren - zumal untertags auch mit musikalischer Untermalung auf dem Lanaideck gerechnet werden muss.

Und auch wenn die Glasbrüstung der Veranda mit einer Art Milchglasscheibe versehen ist, ist sie nicht wirklich blickdicht. Man muss also durchaus davon ausgehen, dass der eine oder andere auch mal einen Blick in die Kabine wirft - das erinnert dann so ein bisschen an die Meerblickkabinen an den umlaufenden Decks der anderen Schiffe, die ja - insbesondere abends mit eingeschalteter Beleuchtung - ebenfalls von außen einsehbar sind.

Von daher sollte man sich gut überlegen, ob man eine Lanaikabine bucht. Für den gleichen Preis kann man alternativ nämlich auch eine Panoramakabine auf Deck 16 buchen - und die hat dann Zutritt zum exklusiven Patiodeck. Vielleicht macht man das aber auch vom zu erwartenden Wetter abhängig: bei Sommerwetter dürfte eine

Panoramakabine mit dem Patiodeck die bessere Wahl sein, in den restlichen Zeiten vielleicht die Lanaikabine mit dem Wintergarten (bei kühler Witterung hält sich der „Publikumsverkehr“ vor der Veranda nämlich in Grenzen). In diesem Zusammenhang muss man übrigens darauf hinweisen, dass nicht alle Lanaikabinen direkt auf dem Lanaideck liegen - die hinteren Lanaikabinen liegen ein Deck über dem Außenbereich des Weite Welt Restaurants - da tritt der Effekt mit dem „Publikumsverkehr“ natürlich nicht auf, allerdings ist der Weg von der Kabine auf das Lanaideck etwas weiter.

Die Kabine hat im Übrigen ebenfalls zwei Bäder, so dass sich in einem Raum die Dusche und ein Waschbecken befindet und in einem zweiten Raum das WC sowie ein weiteres Waschbecken. Zusätzlich befinden sich in der Kabine zwei Kleiderschränke, die sich Dank klappbarer Regelböden entweder zum Aufhängen von Kleidung oder alternativ als Schrank mit Regelbrettern nutzen lassen. An der Innenseite einer Tür befindet sich ein Ganzkörperspiegel, im anderen Schrank befinden sich hier mehrere in der Höhe verstellbare Drahtkörbe. Der Safe ist ebenfalls in einem der Schränke untergebracht, ist jedoch auch nicht größer als der in der Verandakabine.

Auch bezüglich des Schreibtisches, der Steckdosen oder der Gestaltung des Spiegels im Schreibtisch gibt es keine Unterschiede zu meiner Verandakabine der vergangenen Reise.

Im Gegensatz zu den normalen Verandakabinen gibt es hier aber noch zwei Besonderheiten: zum einen befindet sich in den Lanaikabinen eine (kostenpflichtige) Minibar, zum anderen - man höre und staune - eine Kaffeemaschine von Segafredo mit entsprechenden Kaffee- und Espressokapseln.

Der Bildschirm über dem Schreibtisch ist seitlich schwenkbar, so dass das Bild sowohl von der Couch als auch vom Bett aus problemlos zu sehen ist. Und auch bei der Größe ist man nicht wirklich sparsam gewesen - der Bildschirm misst satte 42 Zoll in der Diagonale.

In der Kabine befindet sich ein Doppelbett (kann nicht auseinandergestellt werden) sowie eine Couch, die zu einem weiteren Bett umgebaut werden kann. Ein viertes Bett befindet sich dann als Pullmannbett in der Decke, so dass dieses bei Bedarf über der Couch abgesenkt werden kann.

Auf der Veranda befinden sich zwei Stühle, ein kleiner Hocker sowie ein kleines Beistelltischchen, im Wintergarten steht ein großes Rattansofa und ein Rattantisch.

Tendenziell würde ich mir auf den erfolgreichen Kabinenwechsel ja mal einen Espresso machen - leider findet sich hier nirgendwo so etwas wie eine Bedienungsanleitung oder ein Handbuch dazu. Und auch wenn die Anzahl der Knöpfe überschaubar ist, würde es sicher nicht schaden, mal kurz nachzulesen, wie das eigentlich geht. Also verschiebe ich das mit dem Espresso auf später und rufe erst einmal bei der Rezeption an - vielleicht hat man da ja eine Anleitung. Nun, hat man nicht ...man will aber mal schauen, was man da machen könne. Nun gut, schauen wir mal ...

Von daher habe ich jetzt erst einmal etwas Leerlauf, zumal die Kabine ja auch noch vom Service hergerichtet werden muss. Ich stelle meinen Koffer daher vor die Verandatür, schließe meine Technik im Safe ein und verschließe die Kabinentür, um niemanden auf dumme Gedanken zu bringen.

Ich nutze daher jetzt noch einmal die Gelegenheit für einige Fotos vom Schiffsinneren, da die meisten Passagiere inzwischen das Schiff verlassen haben und die neuen ja erst ab etwa 11.30 Uhr aufsteigen - und gehe danach auch noch einmal nach unten ins Terminal, um ein neues Willkommensfoto zu machen - schließlich soll ja nicht nur die Bordkarte im Bilderrahmen hängen.

Das geht auch alles recht schnell, so dass ich vor dem Mittagessen noch kurz in meiner Kabine vorbeischaue, ob denn inzwischen alles wieder in Ordnung gebracht wurde (die Kabinen der Wechsler sollten ja bevorzugt gereinigt werden). Merkwürdigerweise finde ich die Kabinentür offen vor (wird mit einem Keil aufgehalten) - es befindet sich aber niemand in der Kabine. Wobei „niemand" nicht ganz stimmt - niemand vom Housekeeping. In meinem Wintergarten steht ein Paar, die zuvor offensichtlich erst einmal mein Gepäck aufs Bett geworfen haben, um dort hinzugelangen - auf meine Frage, was sie denn hier machen würden, erfahre ich, dass man sich mal eine Lanaikabine anschauen wollte. Dass da offensichtlich jemand wohnt und dass man zum Schauen sogar Gepäckstücke durch die Gegend wuchten musste, scheint für die beiden nicht wirklich ein Hinderungsgrund gewesen zu sein.

Und obwohl mir da eigentlich die Worte fehlen, finde ich dann doch recht schnell einige passende

Bemerkungen dazu. Ohne auf die Details eingehen zu wollen - es hat was mit Erziehung, Benehmen und Frechheit zu tun. Und falls die beiden das hier zufällig lesen sollten: es war auch genau so gemeint wie ich es gesagt habe. Wobei ich glaube, dass man verstanden hat, was ich ausdrücken wollte - die beiden waren nämlich wenige Sekunden später nicht mehr in meiner Kabine. Und die ist jetzt auch wieder zu ... Unglaublich.

Auf den Schreck hin muss ich erst einmal was essen. Also schaue ich mal im French Kiss vorbei, das mittags ja zu einer Brasserie mutiert - und das deutet darauf hin, dass es hier jetzt belegte Baguettes gibt. Und genau so ist es - uns von daher gibt es jetzt erst einmal ein Käse-Schinken-Baguette und eins mit Frischkäse. Sehr lecker!

Und da meine Kabine ja eh noch nicht fertig ist, kann ich auch erstmal ein bisschen was aufschreiben und meine Fotos sortieren. Hierzu gehe ich in den Beach Club - da ist es wenigstens schön warm (Karibikfeeling eben), es gibt an der AIDA Bar (die hier ja im Beach Club angesiedelt ist) etwas zu trinken und man hat vernünftigen Internetempfang über das Mobilfunknetz.

Ich recherchiere mal so ein bisschen im Netz, was es so Neues über die AIDAprima gibt und wie die ersten Reaktionen der Rückkehrer so sind, da stolpere ich über einen Eintrag bei Facebook, dass die Currywurst seit heute wohl nicht mehr kostenlos sei, sondern mit 1,50 € berechnet würde. Und massig Kommentaren dazu, dass das so ja wohl nicht sein könne - schließlich stünde im Katalog ja eindeutig, dass die Currywurst in der Scharfen Ecke im Reisepreis enthalten sei.

Und in der Tat - das stimmt ja so auch. Ich mache mich also auf den Weg zur „Scharfen Ecke", um mal zu sehen, wie die Lage vor Ort ist - und ggf. mal nachzuforschen, was denn die Gründe dafür sind, dass die Currywurst auf einmal etwas kosten soll. Doch ich kann recht schnell Entwarnung geben - der Preis steht nicht mehr auf er Tafel - die Currywurst ist wieder kostenlos. Also alles gut.

Über die Gründe für die kurzzeitige „Preisanpassung" gibt es verschieden Aussagen - je nachdem, wen man fragt. Plausibel scheint die Erklärung, dass der Wurstvorrat aufgrund der vorherigen Presse-, Club- und Expireisen so stark dezimiert worden ist, dass man mit dieser „Schutzgebühr" vermeiden wollte, dass die Wurst zeitnah ausverkauft ist. Ob das tatsächlich so gewesen ist oder ob man in Hamburg doch noch irgendwo ein paar Würstchen aufgetrieben hat, ließ sich leider nicht zweifelsfrei klären. Festhalten kann man jedoch, dass die Currywurst jetzt wieder kostenfrei ist - und es auch bleiben soll.

Nachdem also auch dieses Rätsel geklärt ist, schaue ich erneut nach meiner Kabine - und das sieht gut aus. Die Kabine ist gereinigt und auf dem Schreibtisch liegt eine mehrsprachige Anleitung zur Kaffeemaschine. Das löst jetzt zwar mein Problem (ich kann mir einen Espresso machen), müsste von AIDA aber noch mal grundsätzlich angegangen werden - denn vermutlich will ja jeder, der eine Lanai- bzw. Panoramakabine oder Suite belegt, wissen, wie das Teil funktioniert. Hier wäre eine Art „AIDA-Kurzanleitung“ sicherlich sehr hilfreich. Und bis es soweit ist, kann ja jeder mal nach "Segafredo Espresso 1“ googeln und sich die Anleitung downloaden.

Und damit neigt sich auch der heutige Wechseltag seinem Ende entgegen - jetzt gibt es noch schnell einen Baconburger mit Cheese im Fuego und dann noch einen „Sex on the Beach“ bei der Welcome Party im Beach Club. Denn auch heute finden vier Welcome Partys parallel statt - und das Konzept funktioniert: anstatt 2.500 Passagieren, die sich auf dem Pooldeck tummeln und um den Sekt schlagen (OK, ganz soooo schlimm ist es nicht) sind hier jeweils nur mehrere Hundert Gäste versammelt - und das macht es durchaus entspannter.

Die anschließende Beach Party stellt dann noch einmal die technischen Möglichkeiten unter Beweis, die man hier installiert hat: Wasserwand, Lasershow, unzählige LED-Strahler, der beleuchtete Foliendom - das kann problemlos mit den Poolpartys auf den anderen Schiffen mithalten - zumal die bei diesem Wetter ja noch nicht einmal stattfinden könnten.

Und während wir die letzten Seemeilen auf der Elbe gen Nordsee unterwegs sind, mache ich mich auf meinem Weg in die Kabine, um die erste Nacht auf der zweiten Reise zu verbringen ...

26. April 2016

Wind, Wetter und ein „Ganzjahresschiff“

Wir befinden uns auf dem Weg nach Southampton - und da das auf der Nordsee nicht so ungewöhnlich ist, haben wir auch heute Wind und Wetter. Und Seegang. Also eine weitere Gelegenheit, das Schiff auf seine Ganzjahrestauglichkeit zu testen. Doch zunächst beginne ich mal mit einem Espresso in meiner Kabine - der Wintergarten lässt sich temperaturbedingt leider nicht wirklich nutzen. Das scheint also irgendwie eine Fehlplanung zu sein ... oder es ist technisch aufgrund der nicht dicht schließenden Glastüren zur Veranda in der Tat nicht anders zu lösen - dann schränkt es die Tauglichkeit als „Ganzjahreskabine“ deutlich ein. Nicht unbedingt, weil die Kabine schlecht wäre - wenn der Wintergarten aber bei kühler Witterung nicht nutzbar ist, ist das Alleinstellungsmerkmal der Lanaikabine kein wirkliches Argument mehr für den Aufpreis.

Ich mache noch mal einen Abstecher ins Bad und bin nach wie vor positiv überrascht - nämlich darüber, dass man die auf den anderen Schiffen eingeführten Perlatoren in den Wasserhähnen hier nicht eingebaut hat. Und man somit durchaus erfolgreich den Rasierschaum vom Pinsel und die Zahnpastareste von der Bürste entfernen kann ... das ist mit den vielen feinen Wasserrinnsalen auf den anderen Schiffen ja nicht mehr wirklich machbar (ging das eigentlich nur mir so - ich habe dazu nie wirklich etwas gelesen ...?)

Für das Frühstück wähle ich heute erneut das „Frech Kiss“ aus - hier findet aktuell das Frühstück für die Clubmitglieder der Stufe „Gold“ statt. Und hier ist auch alles wie sonst vom Buffalo gewohnt. Obwohl - nicht ganz. Es gibt kein Minutensteak mehr - und der O-Saft ist nicht frisch gepresst, sondern die auch in den Buffetrestaurants verwendete Wassermischung, der man gelegentlich ein paar Tropfen Orangensaft hinzugefügt hat. Auf das Nachschenken verzichte ich dankend.

Das Wetter wird tendenziell eher schlechter als besser. Wenn es nicht regnet, dann ist es zumindest windig. Und kalt. Also wie gemacht für einen Tag im Organic Spa. Glücklicherweise habe ich bereits zu Hause für die beiden Seetage dieser Reise jeweils eine Tageskarte erstanden, so dass es mir erspart bleibt, mich an der Spa Rezeption darüber aufzuregen, dass ich keine Karte mehr bekommen kann. Da bin ich ja echt mal gespannt, wie sich das einspielt.

Ich mache also ein paar Saunagänge, nehme den einen oder anderen Aufguss (mit übrigens maximal zehn Personen) mit, ärgere mich über die Duschen, die noch nicht so richtig funktionieren und freue mich, dass die beiden Whirlpools auf dem Saunaaußendeck mal nicht gesperrt sind. Warum man diese jetzt nicht noch richtig aufheizt, sei einmal dahingestellt. Und da das Wetter nach wie vor ungemütlich ist, ist auch niemand auf den Balkonen über uns, der sich über unbekleidete Whirlpoolnutzer beschweren könnte.

Bis zum Mittagessen (½ Hähnchen im Brauhaus) bleibe ich jetzt hier, lese ein bisschen und stelle fest, dass es sich zumindest in den Ruhebereichen gut gefüllt hat. Auf jeder Liege liegt jemand - oder zumindest ein Handtuch. Und wenn zusätzlich auch noch etwas Persönliches auf dem Handtuch liegt, wird es von den Mitarbeitern auch nicht abgeräumt. Was zur Folge hat, dass zur Mittagszeit 90% der Liegen mit Handtüchern und wahlweise einem Buch oder einer Sonnenbrille bewohnt sind. Auch da wird man ggf. noch nachbessern müssen -

zumindest solange die Zahl der ausgegebenen Karten die Zahl der Liegen übersteigt.

Vielleicht kann man da auch mal das Thema „RFID" ins Spiel bringen. Auf der AIDAprima sind ja alle Bordkarten mit entsprechenden Funkchips ausgestattet und demnächst wird es optional auch RFID-Armbänder geben, die an Bord die Bordkarte ersetzen können. Damit wird es dann möglich sein, die Kabinentür zu öffnen, Getränke zu bezahlen, die Schließfächer im Saunabereich zu nutzen oder sich am Bordportal an den vielen Bildschirmen an Bord anzumelden - und warum nicht auch, um sich eine Liege zu reservieren? Diese würde dann für zwanzig Minuten „gesperrt" (mit einer roten LED-Anzeige) und danach wieder freigegeben (mit einer grünen LED-Anzeige) - unabhängig davon, ob da jetzt ein Handtuch draufliegt oder nicht. Und da hier an Bord ja jede einzelne Stoffserviette und jedes Handtuch mit RFID-Chips gekennzeichnet ist (und damit automatisch gewaschen und sortiert werden kann), käme es auf das bisschen Technik an den Liegen ja auch nicht mehr an ...

Doch berichten wir noch mal von etwas Positivem: Hygiene. Dass intern die Hygienestandards bei AIDA auf einem hohen Niveau angesiedelt sind, kann man ja an den regelmäßigen positiven Testberichten der amerikanischen Behörden feststellen, die die Schiffe vor dem Erreichen amerikanischer Hoheitsgebiete untersuchen. Und das setzt sich auf der AIDAprima konsequent fort und ist auch im Passagierbereich deutlich fortgeschritten. So befinden sich jetzt vor allen Restaurants nicht nur fest installierte Desinfektionsspender, sondern auch Waschbecken mit Seifenspendern und Papierhandtüchern. Die Ausrede „Ich vertrage das Desinfektionsmittel nicht" zieht jetzt also nicht mehr. Und Händewaschen vor dem Essen sollte einem einigermaßen gebildeten Mitteleuropäer doch eigentlich geläufig sein, oder?

Meine Erfahrung ist dabei aber leider ernüchternd: ich habe bislang noch niemanden gesehen, der sich die Hände gewaschen hat und nur ganz wenige, die die Desinfektionsspender vor dem Restaurantbesuch genutzt haben. Da waren die Ständer, die vor den Restauranteingängen „im Weg" standen, deutlich effektiver. Aber es geht noch weiter: ein Junge, der sich die Hände waschen wollte, wurde von seinen Eltern mit den Worten „Das brauchen wir nicht." davon abgehalten und ins Restaurant geschoben. Und da fällt mir dann tatsächlich nichts mehr ein ...

Im Gegensatz dazu funktioniert jedoch das hier: auf AIDAprima ist es jetzt nämlich möglich, die öffentlichen Toiletten praktisch berührungsfrei zu benutzen. Die Türen öffnen mittels Handsensor, die Wasserhähne arbeiten ebenfalls sensorgesteuert wie auch die Seifenspender automatisch ihrer Aufgabe nachkommen. Das Trocknen der Hände geschieht in Handtrocknern, die mit Kaltluft arbeiten (und damit aktuellen Untersuchungen zu Folge nicht zur Bakterienvermehrung beitragen sollen) und das Öffnen der Tür zum Verlassen erfolgt ebenfalls mittels Sensorsteuerung (TUI geht dabei übrigens noch einen Schritt weiter und hat den Türöffner bei einigen Toiletten in den Desinfektionsspender eingebaut: nur wenn man die Hände da rein hält, öffnet sich die Tür).

Inzwischen ist Kaffeezeit auf AIDAprima. Und während auf den anderen Schiffen die Massen zwischen 15.30 Uhr und 16.30 Uhr ins Weite Welt Restaurant stürmen, bekommt man das hier eigentlich gar nicht so richtig mit. Denn die Kaffeezeit geht hier von 14.00 Uhr bis 17.00 Uhr und findet zusätzlich auch an vielen Bars statt. Lediglich im Fuego Restaurant ist ein größeres Kuchenbuffet vorhanden - an den meisten Bars an Bord stehen Platten mit Muffins, kleinen

Kuchenstücken und ähnlichem bereit. Finde ich eine gute Lösung.

Ich nehme mir einen Muffin im Vorbeigehen (das ist jetzt natürlich auch die „Gefahr“) und gehe zu den Fahrstühlen, um auf Deck 15 in den Beach Club zu fahren. Und dazu muss ich dann jetzt doch mal was sagen. Ich weiß nicht, ob es damit zusammenhängt, dass die Aufzüge von Hyundai gebaut wurden - zumindest die Softwaresteuerung braucht dringend ein Update. Oder die Programmierung. Oder beides. Denn das, was man hier erlebt, geht so gar nicht. Wartezeiten von zehn Minuten und mehr, bis man Platz in einem Fahrstuhl findet, sind nicht ungewöhnlich.

Woran liegt das? Nun, es scheint so zu sein, als ob hier jeder Aufzug „für sich“ fährt, also keine Kenntnis davon hat, was die anderen so machen. Das merkt man daran, dass beim Drücken auf einen Rufknopf nur dieser eine leuchtet und die anderen nicht. Dieser bleibt auch beleuchtet, wenn ein Aufzug auf der gegenüberliegenden Seite anhält (weil zum Beispiel jemand aussteigen will). Das hat zur Folge, dass jeder immer alle Knöpfe drückt, obwohl ja jeder nur einen Aufzug braucht. Und es kommen dann auch alle nach einander - die meisten halt umsonst. Damit verbunden hält praktisch jeder Aufzug auf jeder Etage - und zu 75% ohne dass jemand ein- oder aussteigen will.

Zweites Problem: dadurch, dass die Aufzüge meistens voll sind, steigt jeder in jeden Aufzug ein, in dem etwas Platz ist - egal ob dieser hoch- oder runterfährt (frei nach dem Motto: am Ende wechselt er ja die Richtung). Folge dieses Herangehens ist dann natürlich, dass mehr als die Hälfte der Aufzüge randvoll sind - obwohl die meisten vielleicht gar nicht in die aktuell gefahrene Richtung wollen.

Hier ist also noch maßgeblich etwas zu tun - und auch die Tatsache, dass tendenziell mindestens ein bis zwei Aufzüge „Out of Service“ sind, sollte kein Langfrist-Lösung sein ... hier gibt es also in der Tat noch einiges zu tun.

An die Ansagen im Aufzug „Deck 7. Die Türen sind geöffnet. Die Türen schließen. Der Aufzug fährt nach oben.“ gewöhnt man sich übrigens mit der Zeit - und für sehbehinderte oder blinde Passagiere sind sie sicherlich sehr hilfreich (auch wenn die Ansagen von manchen Sehenden als lästig empfunden werden). Ich finde es gut, dass AIDA hier konsequent den Schritt zu einem weitgehenden barrierefreien Schiff gegangen ist (zumindest soweit es mir möglich ist, das zu beurteilen).

Einen Vorteil hat das mit den Aufzügen aber doch: man entscheidet sich schneller für das Treppensteigen. Und so laufe ich jetzt nach rund fünf Minuten im Aufzugsvorraum über das Treppenhaus. Und komme auch irgendwann an - verbunden mit der Erkenntnis, dass ich unbedingt den Sportbereich auf dem Schiff mal in meine Tagesplanung aufnehmen sollte.

Ich setze mich an die AIDA Bar, bin froh, dass ich nur Shorts und Flip-Flops angezogen habe und genieße das karibische Feeling. Wie es andere Leute hier mit Schal und Wintermantel aushalten, ist mir dafür ein Rätsel.

Interessant ist übrigens auch, dass AIDA sich auf der AIDAprima wieder vom Pfand für die Poolhandtücher verabschiedet hat. Diese liegen in allen Poolbereichen frei aus und es finden sich an vielen Stellen auf dem Schiff entsprechende Rückgabemöglichkeiten. Wer eins braucht, nimmt sich also eins und wirft es danach einfach in einen der Rückgabebehälter. Hoffen wir einmal, dass das System so bestehen bleiben kann und nicht zu viele der Handtücher den Weg in die Koffer finden (wobei das technisch über die eingenähten RFID-

Chips ja sogar verhindert werden könnte - ich bin mir allerdings nicht sicher, ob AIDA diesen Weg gehen will).

Inzwischen wird es übrigens schon Zeit für das Abendessen. Ich gehe also an meiner Kabine vorbei, ziehe mich ein bisschen schicker an (wechsele also Shorts mit Jeans und Flip-Flops mit festen Schuhen) und mache ich auf den Weg ins French Kiss. Hier hatte ich gestern für heute um 18.30 Uhr reserviert. Ich bin mal gespannt, wie sich das neue Servicerestaurant an Bord so schlägt.

Und kurzum: ich bin begeistert. Das (im Reisepreis inkludierte) Essen ist qualitativ auf höchstem Niveau und auch der Service ist einwandfrei gewesen. Von mir gibt's daher die volle Punktzahl. Gegessen habe ich übrigens das Tartare de bœef du chef (Beef-Tatar nach Art des Chefs), eine Bouillabaisse à la provençale (Fischeintopf mit Meeresfrüchten, Kartoffeln und Croûtons), einen Salade niçoise (Blattsalat mit Thunfisch und Zwiebeln), Côtelettes d'agneau à la parisienne (Lammkoteletts nach Pariser Art) sowie eine Crème brulée zum Dessert und zum Abschluss eine Käseauswahl mit Feigensenf und Trauben. Und ganz ehrlich - das war auf dem Niveau des „Tarragon" auf der Europa 2.

Pappsatt mache ich mich auf den Weg ins Theatrium, nehme dort noch einen „Long Island Icetea“ zum Verdauen und schaue mir den Rest der abendlichen Show an. Schön ist im Übrigen, dass die Sitzbänke auf Deck 6 jetzt mit Rückenlehnen ausgestattet sind - die kann man jetzt also auch nutzen ohne danach „Rücken“ zu haben ...

Ich ziehe mich jetzt auf meine Kabine zurück, schaue mir noch die Wiederholung der Prime Time im Bord-TV an (die läuft dort übrigens die ganze Nacht auf Kanal 1), gebe mich dann den Wellen hin und lasse mich in den Schlaf wiegen.

27. April 2016

Southampton - der einzige Hafen auf der Reise

Neuer Tag, neues Frühstücksrestaurant. Heute habe ich mich mal für das Fuego auf Deck 14 entschieden, da ich nachher ins Titanic Museum gehen will und von daher eher ein kurzes Frühstück bevorzuge. Das Restaurant ist zu etwa Zweidrittel besetzt - am Buffet findet man alles das, was man in den anderen Restaurants auch findet. Von daher macht es sicher Sinn, auf der AIDAprima mal darüber nachzudenken, sich beim Frühstück vom Markt- oder Weite Welt Restaurant zu trennen und auch mal das Fuego oder das Brauhaus in Erwägung zu ziehen - je mehr sich die Passagiere auf die einzelnen Restaurants verteilen, desto entspannter wird ja die Lage.

Vor dem Verlassen des Schiffes in England haben die Behörden aber auch hier den Facecheck (oder auch Identity Control genannt) vorgesehen. Dieser hält allerdings kaum auf, da er dem normalen Checkout Prozess vorgeschaltet wird, so dass ich bereits um kurz nach 9.00 Uhr im Hafenterminal stehe.

Von meiner letzten Kreuzfahrt auf der AIDAmar erinnere ich mich, dass hier in Southampton ein kostenloser Shuttlebus zum Sea City Museum (http://seacitymuseum.co.uk) fährt, in dem die Titanic Ausstellung beheimatet ist. Und siehe da - das ist auch heute so - die erste Abfahrt ist für 9.15 Uhr avisiert.

Ich gehe die wenigen Schritte bis zum bereits wartenden Bus und suche mir schon mal einen Platz. Wobei der Bus nicht voll wird - etwa fünf Passagiere fahren mit mir in die Innenstadt, die gut vom Museum aus zu erreichen ist. Und auch der Bahnhof ist in rund zehn Minuten zu Fuß erreichbar - das dürfte für diejenigen, die auf eigene Faust mit dem Zug nach London fahren wollen, eine interessante Alternative zum Taxi sein. Man muss hierbei allerdings berücksichtigen, dass sowohl die Anlegezeit als auch Beginn und Dauer des Facecheck nicht immer kalkulierbar sind - von daher sollte man mit Ticketbuchungen zu festen Zeiten vorsichtig sein.

Die nächsten Shuttlebusse fahren dann ab 10.00 Uhr im Halbstundentakt zum Museum, ab 12.00 Uhr geht man auf den Stundentakt. Die Rückfahrt findet jeweils eine Viertelstunde später statt, wobei die letzte Rückfahrt um 16.00 Uhr erfolgt - die Bahnfahrer nach London werden für die Rückfahrt daher dann doch auf ein Taxi zurückgreifen müssen.

Da ich aber nicht nach London, sondern nur ins Titanic Museum will, muss mich das ja nicht weiter stören - und so stehe ich bereits um 9.30 Uhr vor der Eingangstür. Diese wird dummerweise erst um 10.00 Uhr geöffnet, so dass ich jetzt noch eine halbe Stunde Freizeit habe. Da sich heute aber erstmals die Sonne entschieden hat, die Wolken zu durchbrechen, ist das gar nicht so verkehrt - ein kleiner Spaziergang durch einen nahen Park füllt die Lücke bestens auf.

Der Eintritt für das Museum liegt für Erwachsene bei 8,50 Pfund, die sowohl in bar als auch mit Kreditkarte bezahlt werden können. Nicht ganz unerwartet sind Englischkenntnisse übrigens durchaus von Vorteil, da sämtliche Erklärungen und Filmausschnitte ausschließlich in Englisch erfolgen. Rund 90 Minuten benötige ich für den Rundgang, wobei ich mir die Exponate durchaus auch genauer anschaue - und ich muss zugeben, ich finde allein schon die Informationen über die Titanic hochinteressant (mal ganz abgesehen vom eigentlichen Untergang).

Die Rückfahrt mit dem Shuttlebus geht dann genau so problemlos wie die Hinfahrt, so dass ich gegen 12.00 Uhr zurück auf dem Schiff bin. Hier unternehme ich noch einen kleinen Spaziergang, um mal ein Bild von der AIDAprima zu machen, auf dem kein Hafenterminal im Weg steht - leider klappt das auch hier nicht, da es keine Möglichkeit gibt, auf der gegenüberliegenden Seite die Hafenanlagen zu betreten. Von daher bleibt das Projekt „Schiffsfoto" erst einmal noch offen.

Zurück auf dem Schiff genehmige ich mir erst einmal einen Burger im Fuego und suche mir dann ein ruhiges Plätzchen zum Schreiben - und das ist gar nicht so einfach. Es gibt zwar an jeder Ecke hier Sitzgelegenheiten, sei es an Bars oder einfach nur so - und selbst die Hemmingway Lounge, die die Bücherei beinhaltet, lädt zwar zum entspannten Lesen ein, befindet sich aber direkt am Theatrium, so dass es mit dem „ruhigen Plätzchen" hier auch nicht so weit her ist. Einen Ort wie die Lounge hinter der AIDA Bar auf den Schiffen der Sphinx-Klasse vermisse ich hier schon - aber vielleicht habe ich ihn auch einfach nur noch nicht gefunden.

Ich setze mich also an einen Tisch an der Sunset Bar, stelle aber fest, dass der einzige Kegelclub an Bord (oder was auch immer diese Gruppe von

Menschen eint) den gleichen Ort für ihr Nachmittagsbierchen gewählt hat - und da ist nicht mehr viel mit Schreiben am Nebentisch.

Ich ziehe also weiter ... und werde beim Studium des Deckplans dann doch noch fündig. Ganz unten auf Deck 3 befindet sich ja der neue „Pier 3 Market“. Dort ist von 7 - 22 Uhr geöffnet, es gibt einige Tische und man hat eine herrliche Ruhe. Genau das habe ich gesucht - und einen Cappu bekomme ich an der Bar auch noch.

Und so entstehen jetzt ganz in Ruhe diese Zeilen - ab und zu kommt mal jemand vorbei, um eine Kleinigkeit zu kaufen (Chips, Pepsi in der Flasche oder eine Tafel Schokolade), ansonsten ist hier aber nichts los.

Ganz anders vor meiner Kabine. Nachdem heute ja mal die ersten Sonnenstrahlen zu sehen sind, ist auf einmal auch der Wintergarten nutzbar. Das ist schon erstaunlich: kaum scheint die Sonne durch die Scheiben, kann man sich da drin mit der Badehose aufhalten. Vielleicht ist die Kabine dann doch nicht so schlecht - zumindest dann, wenn einigermaßen Wetter ist.

Ich lümmele daher noch ein bisschen in meinem Wintergarten herum und wage dann auch mal den

Weg nach draußen in einen der beiden Infinity-Pools, die vor meiner Veranda liegen. Das Wasser ist angenehm warm und der Blick durch die Glasscheibe aufs offene Meer könnte traumhaft sein - wenn da halt heute nicht das Hafenterminal liegen würde. Aber das kann man sich ja wegdenken.

Kalt wird es nur kurz auf dem Weg vom Pool zurück in meine Kabine - da der Pool aber mehr oder weniger direkt an die Reling meiner Veranda angrenzt, ist der bereitliegende Bademantel ja nur einen Griff entfernt. Von daher sehe ich die Lanaikabine jetzt doch schon wieder etwas positiver - wenn ich die Kabine nicht hätte, würde ich mich jetzt wahrscheinlich auf eine Liege auf dem Lanaideck legen und wäre damit ja genau so prominent sichtbar wie auf meiner Veranda.

Gegen 19.00 Uhr treffe ich mich mit Freunden vor dem „Casa Nova“ - wir wollen heute mal das italienische Servicerestaurant ausprobieren, bei dem - analog zum French Kiss oder dem Brauhaus - die Speisen im Reisepreis inkludiert sind und die Getränke bezahlt werden müssen. Und auch wenn das Essen insgesamt betrachtet gut ist, kommt es nicht an den gestrigen Abend im French Kiss heran. Als Vorspeise gibt es ein „Carpaccio di manzo classico“ (Klassisches Rindercarpaccio), danach einen „Insalata lattuga ‚Canale Grande' con tonno e cipolle“ (Kopfsalat mit eingelegten Zwiebeln und Thunfisch) und eine Portion „Ravioli ai cinque formaggi“ (Ravioli mit 5-Käsefüllung) bevor ich zum Hauptgang „Fegato di vitello alle veneziana con polenta cremosa“ (Kalbsleber auf Venezianische Art mit cremiger Polenta) und als Dessert eine „Salame al cioccolato con panna“ (Schokoladensalami mit Sahne) nehme.

Nach dem Essen schaue ich dann noch mal im Theatrium vorbei: hier gibt es heute Abend eine „Late Night“-Sonderausgabe der Prime Time mit Stephan: „Japan spezial“. Und das zum ersten und vermutlich auch letzten Mal, Filmen und Fotografieren sind verboten. In 90 Minuten erfahren wir vieles zu den letzten Wochen und Monaten der AIDAprima und der Crew in Japan - was auf dem Schiff so passiert ist und was man in Japan sonst noch so alles erleben konnte. Ein kurzweiliger Blick hinter die Kulissen also, wie immer gekonnt moderiert von Entertainment Manager Stephan.

Und das war's dann auch schon ... wir haben jetzt Mitternacht, ich bin immer noch satt (die angedachte Currywurst fällt dann doch aus), so dass ich mich auf den Weg in mein Bett mache ...

28. April 2016

Es geht zurück nach Hamburg

Auch wenn das Wetter gestern eigentlich richtig gut gewesen ist, hat sich das auf unserem Weg von Southampton zurück nach Hamburg wieder geändert - jetzt ist wieder das Ganzjahresschiff gefragt.

Regen prasselt an die Fensterscheiben, allerdings bleiben wir im Wesentlichen von Seegang verschont. Eigentlich sollte man im Bett bleiben - dummerweise gibt es dann aber kein Frühstück. Und so stehe ich dann doch auf und schaue mal im French Kiss vorbei bevor ich den Rest des Vormittags in der Wärme des Organic Spa verbringe - glücklicherweise hatte ich ja auch für den zweiten Seetag ein Ticket gebucht. Ärgerlich ist nur, dass wieder ein Teil der Whirlpools gesperrt ist - angabegemäß wegen Desinfektionsarbeiten. Kann natürlich sein - das kenne ich von zu Hause. Andererseits sollte bei solchen Pools doch aber eigentlich eine automatische Dosierung erfolgen, so dass die Pools nicht mehr als die Hälfte der Zeit unbenutzbar sind. Aber vielleicht spielt sich das ja auch noch ein ...

Kurz vor 12.00 Uhr unterbreche ich mein Wellnessprogramm und mache mich auf den Weg in den Beach Club - hier hat der Youtuber Matthias Morr (auch bekannt als „Schiffstester") zum Treffen eingeladen. Und knapp fünfzig Fans sind diesem Aufruf gefolgt und nutzen die nächsten 1 ½ Stunden zum Fachsimpeln - und natürlich auch für die Erstellung eines kleinen Videos, das inzwischen sicherlich bereits auf YouTube eingestellt ist - schaut einfach mal im Kanal vom „Schiffstester" vorbei ...

Den restlichen Nachmittag verbringe ich dann wieder schreibend und mit dem Sortieren der Bilder vom Schiff - die sollen ja dann passend zum Buch auch online gehen. Und Ihr glaubt gar nicht, was man hier alles fotografieren kann ...

Und so geht das dann bis zum Abendessen - und da mache ich heute mal nichts Besonderes, sondern gehe mal im Brauhaus vorbei und lasse mir eine halbe Ente schmecken (obwohl ich ja eigentlich lieber die Brauhauspfanne genommen hätte).

Um 20.30 Uhr ruft Stephan dann erneut ins Theatrium - die erste Ausgabe von „Wer wird Millionär" steht auf dem Tagesprogramm. Und wenn man mal von kleineren technischen Problemen mit den TED-Geräten absieht, klappt alles wie am Schnürchen. OK, bis zur Millionenpunkte-Frage schafft der Kandidat es nicht und muss von daher mit einem Essen im Buffalo Vorlieb nehmen und die Karibik-Kreuzfahrt für zwei Personen einem späteren Kandidaten überlassen - aber mal schauen, vielleicht geht die ja auf der kommenden Reise weg. Und nur mal so am Rande: „Wer wird Millionär" auf AIDA ist nicht nur identisch mit der Ausgabe an Land - auch die Fragen bewegen sich auf einem ähnlichen Niveau ... ein Spaziergang ist das also nicht - zumal der Telefonjoker ja systembedingt wegfällt.

Und ob man es glaubt oder nicht - auch diese Reise geht inzwischen ihrem Ende entgegen, so dass der restliche Abend im Zeichen von „Farewell" steht. Und genau wie bei den Welcome Veranstaltungen sind auch diese dezentral organisiert - ich entscheide mich für die Party im Beach Club und im Anschluss daran noch für eine Stunde „Late Night Sauna". Immerhin hat der Saunabereich hier ja bis Mitternacht geöffnet - da kann man das ja durchaus auch mal nutzen. Und siehe da - ich bin gar nicht der einzige ... es gibt durchaus einige, die den späten Abend in der Sauna und im Whirlpool verbringen - auch wenn es auf dem Rückweg ins Schiff inzwischen doch recht kühl ist.

Interessant wird übrigens die Frage, wie man das handhaben will, wenn es zukünftig Saunanächte oder „Spa unter Sternen“ geben wird - da der Bereich ja normal schon bis Mitternacht geöffnet hat, können ja alle Tages- oder Wochenkarteninhaber automatisch daran teilnehmen ... ich bin mal gespannt, ob das der Plan ist oder wie man das angehen will.

Eigentlich wollte ich ja noch meinen Koffer packen und vor die Kabinentür stellen - aber irgendwie habe ich jetzt keine Lust mehr dazu. Das Thema schiebe ich daher auf morgen ...

29. April 2016

Zurück im „Heimathafen“

Die ersten beiden Reisen auf der AIDAprima sind zu Ende. Und obwohl morgen noch eine kommt, muss ich erst mal runter vom Schiff - der heutige Tag steht nämlich ganz im Zeichen von Mitsubishi und AIDA. Am Vormittag findet wohl eine interne Veranstaltung von MHI statt (das Theatrium ist zumindest ab 9.00 Uhr komplett abgeriegelt) und der Abend und die Nacht gehört dann den Hamburger und Rostocker Landmitarbeitern von AIDA - es findet eine Mitarbeiterveranstaltung an Bord statt, so dass jeder mal die Chance hat, das neue Flaggschiff von AIDA zu sehen und einen Eindruck mitzunehmen. Und ein bisschen „Party“ wird wohl auch mit dabei sein ;-)

Bevor ich mich auf den Weg zum Check-Out mache, schaue ich also noch mal im French Kiss vorbei, genieße noch einmal das „Goldene“ Frühstück (wobei von „genießen“ nicht unbedingt die Rede sein kann - es ist hier einfach zu voll, so dass das Servicepersonal trotz größter Anstrengung an ihre Grenzen stößt), packe danach meinen

Koffer und mache mich auf den Weg zum Ausgang.

Doch halt - da war ja noch was. An der Rezeption sollte ja eigentlich meine Bordkarte von der ersten Reise hinterlegt sein. Bin mal gespannt, ob man die noch findet und sie dann meinen Erinnerungs-bilderrahmen zu Hause schmücken kann. Und: sie kann. :-) Ich gebe zu - so ein kleiner Zweifel war vorhanden ...

Vor dem Schiff wartet bereits der Shuttlebus zum Hauptbahnhof, das Ticket, das ich im Vorfeld in MyAIDA für 5 € gebucht hatte, habe ich gestern in Form eines Kabinenbriefs erhalten und so stehe ich eine knappe halbe Stunde später vor meinem Hamburger Hotel, dem „Europäischer Hof", das direkt gegenüber dem Bahnhof gelegen ist.

Mein Wunsch nach einem frühen Check-In (es ist jetzt ja gerade mal 10.00 Uhr) konnte erfüllt werden und so stehen mein Koffer und ich kurz darauf schon in meinem Zimmer für die kommende Nacht. Ich nutze das kostenlose WLAN im Hotel dann auch gleich mal für etwas Recherche: aktuell scheint nämlich die Sonne und das würde die Option bieten, die AIDAprima mal von der anderen Seite im Hafen zu fotografieren (also die Seite, auf der kein Hafenterminal zwischen

Kamera und Schiff steht). Dazu muss man da aber erst mal hinkommen. Aber Google weiß natürlich Rat - idealerweise fährt man bis zur Haltestelle „Argentinienbrücke (Fähre)“ und kann dann von dort zu Fuß zum Hafenbecken laufen.

Die beiden Buslinien, die dafür in Frage kommen würden (156 oder 256) passen zeitlich leider nicht so ideal (um 12.30 Uhr bin ich mit meinem Ex-Chef zum Lunch verabredet - da sollte ich also wieder im Hotel sein), aber Google hat ja auch noch eine Fährverbindung gefunden: die Linie 73 fährt von den Landungsbrücken (Brücke 1) um 11:10 Uhr direkt zur Haltestelle an der Argentinienbrücke. Passt.

Ich mache mich also auf den Weg zum Bahnhof, fahre mit einer der S-Bahnen zu den Landungsbrücken (bei meiner Hotelübernachtung ist eine kostenlose HVV-Gesamtnetzkarte für drei Tage übrigens im Übernachtungspreis enthalten), gehe dann zur Brücke 1 und besteige dort die Fähre, die mich in rund 15 Minuten zur Argentinienbrücke bringt (das HVV-Ticket gilt übrigens auch für die Fähren). Von dort aus sind es etwa 15 - 20 Minuten zu Fuß - und dann stehe ich der AIDAprima erstmals gegenüber.

Ich mache die obligatorischen Fotos und kann auch gleich Detailaufnahmen über die Lage meiner drei Kabinen machen (die liegen ja glücklicherweise alle auf der Steuerbordseite), so dass ich die Kabinenberichte auf meiner Homepage entsprechend gestalten kann.

Ich gehe danach zurück zur Fähre und kann bereits um 12.13 Uhr wieder in Richtung Landungsbrücken fahren - und das macht auch Sinn, da ich so schon meinen Lunchtermin um etwa zehn Minuten nach hinten schieben muss. Aber es gibt ja WhatsApp ... :-)

Den restlichen Tag verbringe ich dann mal ganz ohne AIDA - erst gibt es einen echt leckeren Burger im „Peter Pane“ und danach etwas Wellness in der hoteleigenen „Euro-Therme“ bevor ich zum Abendessen im gegenüberliegenden Bahnhof meinen „Stamm-Dönerladen“ (gut, günstig und freundlich) besuche. Zurück im Hotel arbeite ich dann mal die E-Mails der vergangenen Woche auf und schlummere bei der heute-show so langsam ein.

30. April 2016

Die erste Metropolentour beginnt ...

Endlich wieder AIDA - wenn die Abstände zwischen zwei Reisen doch immer nur so kurz wären ;-)

Aber beginnen wir vorn: zunächst nutze ich erst einmal das umfangreiche Frühstücksbuffet im Hotel, wobei ich schon den einen oder anderen Mitpassagier anhand der AIDA-Anhänger an diversen Taschen identifizieren kann. Das Hotel scheint also auch bei anderen Kreuzfahrern beliebt zu sein.

Kurz vor 10.00 Uhr mache ich mich dann mit meinem Koffer auf den Weg nach gegenüber - vor dem Bahnhof sollten jetzt ja die Gepäckannahmestellen für diejenigen stehen, die ein Ticket für den Shuttlebus vom ZOB (Zentraler Omnibusbahnhof) zum Cruise Center Steinwerder gebucht haben. Alle anderen können ihren Koffer zwar auch abgeben, müssen dafür aber 5 € zahlen.

Wobei zunächst eine andere Hürde zu nehmen ist - dort stehen jetzt nämlich zwei Transporter. Der eine ist mit „AIDAmar“ beschriftet (der fährt das

Gepäck nach Altona), der andere mit „AIDAprima“. Na, wenn da mal nicht der eine oder andere Koffer versehentlich auf dem falschen Schiff landet ...

Meiner wandert zumindest in den richtigen Transporter - auch wenn man mich auf der Liste derjenigen, die ein Shuttlebusticket erworben haben, nicht gefunden hat. Glücklicherweise hatte ich im Vorfeld meine Buchungsbestätigung ausgedruckt - mit der ging das dann auch.

Und da die ersten Shuttlebusse erst ab etwa 11.30 Uhr fahren sollen, ist jetzt noch ein bisschen Leerlauf angesagt. Wobei das natürlich kein größeres Problem ist - ich habe die Zeit bei einem kostenlosen Cappuccino in der DB Lounge am Bahnhof verbracht (in die darf ich seit geraumer Zeit als „Bahn Comfort Kunde“ wieder jederzeit rein - das ist dann einer der Vorteile, wenn man zwischendurch mal eine Gruppenreise mit der Bahn bucht und damit ein paar bahn.bonus-Punkte sammeln kann). ;-)

Gegen 11.00 Uhr mache ich mich dann auf den Weg zum ZOB - und komme gerade noch vor dem Regen dort an. Glücklicherweise steht auch schon ein Shuttlebus zur Prima bereit (übrigens stehen auch welche für den Weg zu Mar bereit - auch da wird vielleicht der eine oder andere versehentlich am falschen Terminal landen), so dass ich bereits um 11.15 Uhr trocken in Steinwerder ankomme.

Wenig überraschend steht die Prima am Terminal und wartet auf die ersten Gäste für die erste „richtige" Metropolentour. Der Check-In ist noch nicht gestartet, die erste Schlange ist aber schon deutlich sichtbar. Und da ist es natürliche ein Vorteil, sich auf der „Überholspur" für die Clubmitglieder (und die Suitengäste) anstellen zu können - denn so bin ich wenige Minuten nach Beginn des Check-In bereits am „Express Check In Automat".

Noch gibt es hier nicht den Check-In, der von „wandelnden" Mitarbeitern mit Tablets vorgenommen wird (wie er aktuell auf der Mar getestet wird), aber auch das soll in den nächsten Wochen kommen - dann würde es hier noch mal etwas schneller gehen.

Wobei ich mich nicht beklagen kann: ich lege meinen Personalausweis auf das Lesefeld am Automaten und ruck-zuck steht auf dem Bildschirm, dass er mich nicht kennt und ich mich an einen Mitarbeiter wenden soll. Äh .. wie jetzt? Was heißt, „kennt mich nicht"? Am Automat leuchtet es irgendwo rot, ein Mitarbeiter kommt und klärt auf: „Das kommt immer wieder mal vor. Ist nicht schlimm, Sie müssen jetzt halt nur zu einem Schalter gehen." Das war so ja nicht der Plan. Und dann kommt mir ein Gedanke - vielleicht heißt „kennt mich nicht" eigentlich „kenne diesen Ausweis nicht". Denn: in MyAIDA habe ich mich vermutlich mit meinem Reisepass registriert, da ich dessen Nummer auswendig kenne. Und siehe da - kaum halte ich meinen Reisepass auf das Lesefenster kennt mich die Maschine und druckt meine Bordkarte aus. Das ist ja in der Tat einfach. Und wenn jetzt noch an den Automaten ein Schild angebracht wird, dass man das Ausweisdokument nehmen muss, dass man zuvor in MyAIDA registriert hat (eigentlich könnte das einem ja auch klar sein), wird wohl auch die Fehlerrate deutlich geringer werden. Das muss ich mir mal merken und dem Chief Purser an Bord erzählen ...

Und noch etwas hat der Automat angezeigt: meine Suite ist bereits bezugsfertig. Das ist doch mal schön - Du kommst um 11.30 Uhr auf das Schiff und kannst schon in Deine Kabine. Und so mache ich das auch - ich suche meinen Weg zu 10193 (eigentlich ganz einfach - die liegt gaaaanz hinten am Heck des Schiffes) und finde vor der Tür bereits meinen Koffer. Passt.

Ich öffne die Tür - und bin erstaunt. Klar, ich habe eine Deluxe Suite gebucht. Aber den Namen trägt sie auch vollkommen zu recht:

Die Suite liegt achtern auf Deck 10, wobei die Veranda den Blick sowohl nach hinten als auch zur Steuerbordseite erlaubt. Sie besteht aus zwei getrennten Räumen, einem Bad sowie einem separaten WC. Beim Betreten der Suite befindet man sich im Wohnzimmer, das mit einem Schrank, einem großen Sofa (das zu einer Doppelschlafcouch umgewandelt werden kann), einem Esstisch mit vier Stühlen, einem Schreibtisch, einem 42"-Bildschirm sowie mit einer Kaffee-/Espressomaschine und einer Minibar ausgestattet ist. Im Schreibtisch befinden sich fünf Schubladen, so dass man alle möglichen Kleinteile hier gut unterbringen kann.

Wie in den anderen Kabinen auch, befinden sich am Schreibtisch zwei Steckdosen (von der eine mit der Kaffeemaschine belegt ist) sowie zwei USB-Anschlüsse zum Laden von Handys und ähnlichen Gadgets. Eine weitere Steckdose befindet sich im Schrank über der Minibar (vermutlich war ursprünglich angedacht, die Kaffeemaschine hier zu installieren) und am Schminktisch im Schlafzimmer.

Direkt hinter der Eingangstür befindet sich auf der rechten Seite ein kleiner Raum, der mit einem WC sowie einem Handwaschbecken ausgestattet ist. Vom Wohnraum geht dann das Bad ab - hier befinden sich eine Whirlwanne, eine große Dusche sowie zwei Waschbecken, so dass der gleichzeitige Aufenthalt von bis zu vier Personen denkbar wäre.

Zwischen Bad und Schreibtisch findet sich das mit einer Tür abgetrennte Schlafzimmer, in dem sich neben einem Doppelbett ein Frisiertisch (hier befindet sich dann auch der Fön in einer der beiden Schubladen) sowie zwei große Kleiderschränke, einer davon mit Regalböden ausgestattet, befindet. Gegenüber dem Bett befindet sich ein zweiter 42"-Bildschirm an der Wand, der ebenfalls Zugriff auf die TV-Programme sowie das Bordportal erlaubt.

Sowohl vom Schlafzimmer als auch vom Wohnzimmer aus gibt es eine Schiebetür zur Veranda, auf der sich zwei große Sonnenliegen sowie ebenfalls ein Tisch mit vier Stühlen befinden. Die sichtgeschützte Veranda ist zu großen Teilen überdacht und kann daher auch bei Regen genutzt werden.

Den Suitengästen soll an Bord von AIDAprima neben der geräumigen Suite zusätzlich noch die

AIDA Lounge auf Deck 8 zur Verfügung stehen (so wie es auf der alten Blu auch schon einmal eine Lounge gab). Hierbei handelt es sich um einen exklusiven Bereich, in dem tagsüber kostenlos Getränke, kleine Snacks, Obst und Kaffeespezialitäten gereicht werden. Neben den Sitzgelegenheiten im Inneren gibt es noch einen Außenbereich, der ebenfalls nur den Suitengästen zur Verfügung steht.

Darüber hinaus haben Suitengäste - neben den Gästen der Panoramakabinen - exklusiven Zutritt auf das Patiodeck auf Deck 16, können sich ihr Frühstück wahlweise auf der Suite (die Bestellung erfolgt am Vorabend) oder im Buffalo Steak House servieren lassen und können die Dienste eines Concierge in Anspruch nehmen, der Reservierungen und Buchungen vornimmt.

Da gibt es also einiges, was ich jetzt noch ausprobieren kann ... aber deswegen hatte ich seinerzeit ja auch die Suite gebucht. Unter anderem ...

Jetzt nutze ich das leere Schiff aber erst noch mal für einen kurzen Aufenthalt im Organic Spa, bin aber überrascht, wie viele Leute der Ansicht sind, dass man hier mit Straßenkleidung richtig gekleidet ist - und am besten noch mit der Kamera im Anschlag durchläuft.

Klar, jeder will vom Saunabereich Fotos haben - aber eigentlich sollte einem doch schon der Anstand sagen, dass man in Bereichen, in denen sich tendenziell unbekleidete Menschen aufhalten, weder mit Kleidung noch mit Fotoapparaten richtig platziert ist.

Ich trete also die Flucht an - und checke mal die AIDA Lounge ab. Und stelle rasch fest, dass das mein neuer Lieblingsplatz an Bord werden wird. Neben zahlreichen Sitzgelegenheiten im Innenbereich, kostenlosen Getränken und Snacks, die den ganzen Tag über bereitgehalten werden findet sich hier auch ein großer Außenbereich, der ebenfalls mit gemütlichem Loungemobiliar ausgestattet ist. Und der Concierge, der sich den Reservierungs- und Buchungswünschen der Suitengäste annimmt, residiert ebenfalls hier in der Lounge.

Und so bliebe ich erst einmal ein bisschen hier, schreibe meinen Bericht über die Suite für meine Homepage, esse einen kleinen Snack zu Mittag und genieße die Ruhe, die ich bislang in der Pier 3 Bar genossen habe (wobei das hier mit dem Blick nach draußen natürlich noch mal schöner ist als unten im fensterlosen „Keller“).

Auf der Kurzreise habe ich übrigens mal ausprobiert, was passiert, wenn man zu einem bestehenden Internettarif noch einen weiteren dazu bucht - und zwar habe ich zu meinem bestehenden 250-MB-Tarif (den ich als Premiumbucher kostenfrei nutzen kann) noch eine 24-Stunden-Social-Media-Flat gebucht. Früher ging das nicht - wenn man da einen Volumentarif hatte, konnte man keinen zweiten buchen und den wechselweise nutzen. Inzwischen scheint man das geändert zu haben - nach der Anmeldung im Bordportal kann ich wählen, welchen dieser Tarife ich aktuell nutzen möchte. Und so kann ich, quasi als „Standard“, die Social Media Flat immer eingebucht lassen (und damit Facebook, Instagram, WhatsApp und Threema nutzen) und das 250-MB-Paket nur dann auswählen, wenn ich wirklich konkreten Bedarf für E-Mail-Abruf oder Recherchen im Netz habe. Das Risiko, versehentlich im Hintergrund irgendwelche umfangreichen Datenaktualisierungen vergessen zu haben, die das Volumen innerhalb weniger Minuten „vernichten“, reduziert sich damit deutlich. Und so nebenbei - gerade der Bildup-/ und download in Facebook, Insta , Snapchat & Co.

kann das Datenvolumen durchaus auch deutlich reduzieren ...

Und so mache ich das jetzt hier auch - sowohl als Premiumbucher als auch als „Goldener“ habe ich ja jeweils ein 250-MB-Paket zur Verfügung. Und da buche ich jetzt für 19 € noch die Social Media Flat für die komplette Woche dazu - die ist auf meinem iPhone jetzt immer aktiviert, so dass ich nur bei Bedarf eines der Volumenpakete kurzfristig nutze. Gefällt mir!

Erster und einziger Pflichttermin ist dann natürlich die obligatorische Seenotrettungsübung, die um 17.00 Uhr angesetzt ist. Zum dritten Mail innerhalb der letzte sieben Tage lege ich also meine Rettungsweste an (die dieses Mal orange und nicht gelb ist - was als Indikator für eine Musterstation auf Deck 7 dient) und mache mich auf den Weg zu meiner Musterstation. Dieses Mal ist es „L“ - und da das im Weite Welt Restaurant ist, gibt es erneut einen Sitzplatz. Und das ist auch gut so - dauert es doch auch dieses Mal wieder eine gute Dreiviertelstunde, bis alle Passagiere erfasst und die beiden Sicherheitsdurchsagen erfolgt sind.

Wobei es dieses Mal eine Neuerung gibt - ergänzend zur Anwesenheitskontrolle über die Papierlisten erfolgt auch eine Erfassung der

Barcodes auf den Bordkarten mittels Tablets. „Zum Test", wie es heißt. Sobald das System aber reibungslos funktioniert, soll es die Erfassung mittels Liste ersetzen. Die automatische Erfassung der Anwesenheit über RFID-Chips, die wohl mal kurzzeitig angedacht war, hat man aus Datenschutzgründen (damit wüsste man im Prinzip zu jeder Zeit, wo sich welcher Passagier aufhält) aber erst mal wieder unter „unverwirklichte Ideen" abgelegt.

Als Suitengast gibt es ja für den Anreisetag eine Einladung ins Rossini (exklusiv Getränke wohl gemerkt). Und auch beim Essen beschränkt man sich auf ein 3-Gang-Menü - wobei hier allerdings die Option besteht, für einen Preis von 8 € auf ein 6-Gang-Menü „upzugraden". Und das mache ich jetzt auch - wobei sich AIDA durchaus mal überlegen könnte, ob das nicht vielleicht doch etwas kleinlich ist ... der Preis einer Suite könnte ggf. auch rechtfertigen, hier keine zusätzlichen 8 € zu chargen.

Und so gibt es jetzt vorweg eine „Hommage an Japan" bestehend aus Thunfisch-Tataki, Sushireis, Rettich und Teriyaki, danach ein Karotten-Ingwer-Süppchen, dann Weißer Heilbutt an Thaicurry Sud mit Wasabicrunch und Hummerchips, einem Himbeersorbet mit Champagner und Knallbrause als Zwischengang sowie „Prese Iberico BBQ“ mit spanischer Kartoffel, Aioli und Mais als Hauptgang und einen „Waldspaziergang“ (Texturen von Schokolade und Waldbeeren) zum Dessert.

Eins fällt aber hier schon auf - das Rossini ist jetzt „innenliegend“, d.h. es gibt keine Fenster mehr für den Blick aufs Meer. Lediglich einige „Sehschlitze“ erlauben den Blick auf den vorbeiführenden Gang (und umgekehrt ins Rossini) - der Blick beim Dinner auf den Sonnenuntergang wird hier aber nicht mehr stattfinden. Und das ist für viele, die ich an Bord gesprochen habe, eine klare Verschlechterung.

Das Essen wiederum ist natürlich sehr lecker, auf höchstem Niveau und dem „Anlass entsprechend“ ;-) Aber es dauert halt auch seine Zeit - und so passiert nach dem Essen heute nicht mehr viel: ich gehe in meine Suite, schaue noch mal durchs Fernsehprogramm und gebe mich dann meinen Träumen hin ...

1. Mai 2016

Seetag - unterwegs nach England

Nachdem das Abendessen gestern Abend ja recht umfangreich ausgefallen ist, plane ich heute mal ein etwas abgespecktes Frühstück - und schaue daher mal, was es in der AIDA Lounge so gibt. Und bin positiv überrascht: verschiedene belegte Baguettes, Wraps und Bagels, Fruchtjoghurt und Croissants stehen zur Auswahl. Genau das, was ich jetzt gesucht habe ...

Und von daher gibt's jetzt nur einen Wrap, ein Croissant, ein Gläschen von dem Fruchtjoghurt sowie einen Latte Macchiato - das reicht mir jetzt vollkommen aus. Inzwischen hat sich auch die Sonne etwas hinter den Wolken vorgewagt und so wechsele ich in den Außenbereich, frühstücke dort in Ruhe zu Ende und chille etwas in der Sonne (mache also eigentlich nichts).

Erst als sich die Sonne hinter dem Schiff versteckt, wird es hier wieder etwas kühler - Zeit für einen Besuch in der Sauna und eine Stippvisite auf dem Patio-Deck. Da scheint zwar partiell die Sonne drauf, der Fahrtwind bläst aber so massiv in allen

Ecken, dass ein Aufenthalt hier praktisch nicht möglich ist. Zumindest nicht ohne entsprechende Kleidung. Und das ist ja nun nicht mein Plan.

Von daher versuche ich es mal auf dem FKK-Deck ... da scheint ja auch die Sonne. Und siehe da: dort gibt es durchaus windgeschützte Ecken, so dass man es hier zumindest eine Weile aushalten kann. Der Whirlpool wird wie immer desinfiziert (müsste eigentlich ja irgendwann mal keimfrei sein), so dass ich noch nichts zur Wassertemperatur dort sagen kann ... aber wir haben ja noch fünf Tage Zeit. Und bevor mich einer für verrückt erklärt, bei 9°C Außentemperatur auf hoher See auf dem FKK-Deck herumzuliegen: ich bin nicht der Einzige. Klar, bei 20°C ist das noch schöner ... aber nach dem langen Winter gibt man sich ja erst einmal auch mit Kleinigkeiten zufrieden.

Hier bleibe ich also erst mal eine Weile liegen bevor ich mich mit einem Umweg über die AIDA Lounge (da ist inzwischen Kaffeezeit) in den Beach Club begebe. Hier hat der General Manager rund 500 Passagiere zum ersten Clubtreffen auf der AIDAprima geladen. Und fast alle sind da ...

Glücklicherweise hat er seine Offiziere mitgebracht, die jetzt gemeinsam zum „Club-Offiziersshaken“ antreten. Und uns in kürzester

Zeit alle mit den verschiedensten Cocktails versorgen. Hier ergeben sich dann auch ganz interessante Gespräche - mit alten Bekannten, mit Lesern meiner Reiseberichte oder auch mit den Offizieren. Und das ist schon interessant, wie unterschiedliche Leute das gleiche Schiff erleben. Und während die Mehrzahl das so sieht wie ich - die AIDAprima ist ein schönes Schiff, das eine etwas andere Philosophie verfolgt und aktuell noch unter kleineren „Kinderkrankheiten" leidet (was ja nicht wirklich unerwartet ist), aber viele gute Ansätze aufweist, gibt es auch durchaus andere, die mit Vokabeln wie „Horrorurlaub" um sich werfen.

Wenn man das mal hinterfragt, stellt man aber schnell fest, dass das, was für den einen Horror ist, bei den meisten anderen maximal für ein müdes Lächeln reicht. Wer aktuell mal in den einschlägigen Foren im Internet oder Gruppen auf Facebook mitliest, wird diese Meinungen auch vereinzelt finden - die Masse ist das jedoch nicht.

Beispiel gefällig? Jemand beschwert sich darüber, dass er zweimal im Brauhaus war und beide Male über eine halbe Stunde warten musste, bis er seine Bestellung aufgeben konnte. Dann will ich das gar nicht abstreiten - ich habe dieser Tage auch einmal fünf Minuten warten müssen und hatte den

Eindruck, der eine Kellner hätte die Tische rechts von mir und der andere die auf der linken Seite ... Dann geht man halt mal kurz an die Theke - und kurz darauf steht das Hefeweizen vorm Harald.

Klar, der Plan ist anders - aber ich setze mich im Urlaub doch nicht hin, schaue dreißig Minuten lang auf die Uhr, um mich danach bei Facebook darüber zu ärgern ... Aber gut, jeder hat ja andere Vorstellungen, wie er seinen Urlaub verbringen mag ... ;-)

Natürlich gibt es auch das obligatorische Clubfoto - und da drauf ist es dieses Mal richtig voll. Ach ja, das wird übrigens nicht auf die Kabine geliefert, sondern kann im Fotoshop abgeholt werden. Wollte ich nur mal gesagt haben - nur falls noch jemand tagelang drauf wartet ... ;-)

Ich gehe jetzt ins Theatrium und mische mich unter das Volk, die auch die heutige Ausgabe von Stephan's Prime Time live erleben wollen - hat er heute doch Kapitän Harms zu Gast. Und auch das ist neu auf dem Schiff - wer den Kapitän oder den General Manager sehen will, muss die Prime Time gucken. Entweder live oder in der Dauerschleife nachts auf der Kabine - durch die dezentrale Welcome- und Farewell Veranstaltungen gibt es nun mal keinen gemeinsamen Ort mehr, wo alle auf alle treffen.

Das Abendessen fällt heute übrigens auch aus. Oder besser gesagt: wird durch ein paar Tapas ersetzt: ein paar Sardellen, Schrumpelkartoffeln mit Mojo-Sauce, Datteln im Speckmantel, gegrillte Chorizo ... naja, was man in Spanien halt so isst.

Den Abschluss bildet dann erneut (jetzt zum dritten Mail) die Show „Absolutely Everybody" - und auch heute gelingt es den Künstlern (und Stephan) wieder, ihr Publikum mitzureißen. Der Abschluss des Abends findet dann im Four Elements statt - hier gibt es bislang jeden Abend einen Kinoabend. Heute mit „Star Wars: Das Erwachen der Macht".

2. Mai 2016

Southampton (Großbritannien)

Um kurz nach 6 Uhr wache ich auf - und stelle fest, dass meine Entscheidung, den heutigen Tag an Bord zu verbringen, wohl die richtige ist: beim Blick aus dem Fenster sehe ich nichts. Nur Wasser und Nebel. Naja, das ist hier ja wohl auch irgendwie normal.

Von daher bleibe ich noch ein bisschen im Bett bevor ich dann einmal das „Suitenfrühstück" im Buffalo Steak House teste. Denn in der Tat gibt es an Bord vier verschiedene Optionen, zu frühstücken:

Suitengäste können im Buffalo Steak House frühstücken (so wie auf den anderen Schiffen auch) - und hier gibt es dann auch bekannte Minutensteak und frisch gepressten Orangensaft. Und den gibt es übrigens ausschließlich hier. Ach ja - bei schönem Wetter hat das Buffalo natürlich noch einen unschätzbaren Vorteil: es hat einen Außenbereich und man kann von daher im Freien frühstücken.

Gäste der Clubstufe „Gold“ werden auf der AIDAprima in das „French Kiss“ verwiesen, erhalten hier aber auch das gleiche Frühstück - allerdings ohne die Option eines Minutensteaks und ohne frisch gepressten Orangensaft. Hier gibt es nur das Mischgetränk, das auch in den Buffetrestaurants gereicht wird. Das ist dann in der Tat eine kleine, aber nicht unwichtige Abwertung gegenüber dem Frühstück auf den anderen Schiffen, bei denen das Suiten-/Clubfrühstück kombiniert serviert wird.

Neu ist auf dem Schiff, das zukünftig (wenn die Zahl der „Goldenen“ an Bord wieder das Normalmaß angenommen hat) grundsätzlich jeder Passagier die Möglichkeit haben wird, ohne Aufpreis im French Kiss zu frühstücken - man muss nur vorher einen Tisch reservieren. Die Kaffeespezialitäten gibt es dann zwar nur gegen Aufpreis - der Rest soll aber identisch sein. Was de facto natürlich einer weiteren Abwertung des Clubfrühstücks entspricht - denn außer dem kostenlosen Cappuccino oder dem Glas Sekt ist dann hier nichts mehr exklusiv. Von daher wäre es vielleicht auch eine Anregung für AIDA, den Clubgästen zukünftig die Wahl des Restaurants freizustellen und die Kaffeespezialitäten dort kostenfrei anzubieten - dann kann jeder für sich wählen, ob er lieber ins French Kiss geht oder bei schönem Wetter vielleicht doch eher im Weite Welt Restaurant im Freien sitzen will.

Und wo geht der „normale" Passagier frühstücken, der nicht ins „French Kiss" geht? Ganz einfach: in jedes andere Restaurant an Bord. In allen anderen Restaurants (das Rossini ausgenommen) wird das Frühstück in Buffetform angeboten. Wobei sich das noch nicht überall herumgesprochen hat - während das Markt- und Weite Welt Restaurant eher gut besucht sind, finden sich im Brauhaus beispielsweise massig freie Plätze. Aber auch das wird sich mit der Zeit sicherlich einspielen. Ach ja - die Kaffeespezialitäten aus dem WMF-Automaten zur Selbstbedienung gibt es auch überall - freilich aber nur unter Einsatz der Bordkarte.

Um es aber noch mal deutlich zu sagen: auch die letzte der vier Optionen ist keine schlechte. Die Auswahl kann es nach wie vor mit den meisten Hotels an Land locker aufnehmen - und auch auf dem heimischen Frühstückstisch wird wohl selten eine vergleichbare Vielfalt zu finden sein.

Nach einem ausgiebigen Frühstück (dafür fällt nachher der Lunch aus) gehe ich direkt an meinen neuen Lieblingsplatz an Bord, die AIDA Lounge und befasse mich bei einem weiteren Cappuccino mit diesem Buch. Zwischenzeitlich haben wir auch in Southampton festgemacht und warten auf die örtlichen Behörden für den Facecheck. Und da es jetzt bereits kurz vor halb zehn ist, werden zumindest diejenigen langsam unruhig, die individuell einen Zug nach London gebucht bzw. ein Ticket im Voraus für das Londoner Riesenrad „London Eye“ gekauft haben. So lange der Ausflug nach London mit dem AIDA-Ausflug im Reisebus auch dauert - das Risiko bei individueller Organisation (auch wenn die Fahrt mit dem Zug deutlich schneller und bequemer ist) ist nicht unbeträchtlich. Ggf. ist der Wochenendtrip nach London von zu Hause aus mit dem Flieger dann doch die beste Option ...

Das Wetter ist weiterhin nur mäßig gut, so dass ich beschließe, kurz in die Sauna zu gehen. Dort hat man allerdings kurzfristig das Wasser für Wartungsarbeiten abgestellt (allerdings ohne das dort jemandem mitzuteilen, was zumindest bei denjenigen zu Irritationen sorgt, die gerade aus der Sauna kommen), so dass ich meinen Plan auf später verschiebe und erst einmal zurück in die AIDA Lounge gehe. Wie sagte mal jemand Schlaues: „Jeder Gang macht schlank.“

Ich nutze dann auch gleich die Gelegenheit und bestelle für morgen mal mein Frühstück auf die Suite - denn in der Tat gibt es noch eine fünfte Option an Bord zu frühstücken. Diese ist allerdings den Suitengästen vorbehalten, könnte bei schönem Wetter aber eine echte Option sein: Frühstück auf der eigenen Veranda.

Ich gehe gemeinsam mit dem Concierge die umfangreiche Speisekarte durch und stelle mir mein „Wunschfrühstück" zusammen - Anlieferung zwischen 8.00 Uhr und 8.30 Uhr. Bis dahin sollte dann mit etwas Glück die Sonne scheinen, so dass man draußen sitzen kann.

Nach dem Mittagessen, das ich heute ausfallen lassen bzw. mit etwas Obst ersetze, das ich in meiner Suite im frisch aufgefüllten Obstteller vorfinde (leider wird auch der Pralinenteller daneben immer wieder gefüllt), versuche ich erneut mein Glück im Saunabereich - und siehe da: das Wasser fließt wieder, die Whirlpools sind mal nicht abgedeckt und auch einigermaßen warm. So langsam wird's. Wenn jetzt noch die Duschen warmes Wasser liefern würden, wäre es perfekt.

Mein nächster Termin wäre jetzt eigentlich das „exklusive Suitentreffen" in der Spray Bar - ich entscheide mich allerdings dazu, hierauf zu verzichten (ist mir irgenwie zu „exklusiv“) und stattdessen schon mal einen guten Platz im Theatrium zu suchen, um mir die Preview der neuen Exklusiv-Show der AIDAprima „Crystal Ball“ anzusehen.

Und da wird in der Tat aufgefahren, was das Theatrium an Technik hergibt: die LED-Kugel an der Decke (wiegt übrigens fast eine Tonne) kommt genauso zum Einsatz wie die beiden LED-Wände, die jetzt aus jeweils neun Elementen bestehen und sich auch nach oben bewegen lassen sowie die „Aufzüge“ für die Artisten. Und - ebenfalls erstmals auf einem AIDA-Schiff im Einsatz: eine Wasserschale mit rund 1.000 Litern Inhalt, die für einen kleinen Unterwasserauftritt genutzt wird. Die Musik trifft meinen Geschmack allerdings nicht wirklich - aber das wird jeder für sich natürlich anders empfinden

Im Anschluss daran schaue ich mir noch Stephan's Prime Time an bevor ich dann mal das East Restaurant einem Test unterziehe. Hier hat man Anleihen bei Mein Schiff genommen und ebenfalls eine Wok-Station eingeführt, die sich hier „Teppanyaki Grill“ nennt. Man nimmt sich die gewünschten Zutaten (Rinderfiletstreifen, Schweinenacken, Hähnchenbrust, Krabben, Tintenfisch,

Chinakohl, Paprika, Bambussprossen, ...) vom Buffet und lässt diese dann frisch zubereiten und mit Reis servieren - und was soll ich sagen: einfach lecker (und soll ja auch irgendwie gesund sein). Während der Zubereitung muss man übrigens nicht warten, sondern erhält - wie an der Burgerstation im Fuego - einen dieser blinkenden und vibrierenden Pager.

Ein ähnliches System wird hier übrigens für eine Suppe angeboten. Man sucht sich die gewünschten Zutaten aus, lässt diese kurz anbraten und dann als Suppe servieren. Das hab' ich jetzt zwar nicht probiert, sieht aber interessant aus.

Kleines Schmankerl in diesem Zusammenhang: in den großen schwarzen Behältern, in denen in anderen Restaurants die Suppen serviert werden, befinden sich hier zwei Saucen für die Teppanyaki-Gerichte: „Soja-Teriyaki-Sauce" und „Süß-Sauer Sauce". Vermutlich aus „gegebenem Anlass" befindet sich hier aber noch ein weiteres Schild: „Dies sind keine Suppen, es sind zwei Saucen für Ihre Gerichte vom Teppanyaki-Grill!"

Das kann man also schon mal zusammenfassend sagen: bezüglich des Essens gibt es hier nichts zu bemängeln. Man hat das gute Angebot der anderen Schiffe nicht nur beibehalten, sondern entsprechend ausgebaut. Hier sollte jeder in der Tat etwas finden, was nach seinem Geschmack ist - die Auswahl ist in jedem Fall da. Und auch in Bezug auf überfüllte Restaurants ist nach meinem Gefühl eine deutliche Verbesserung eingetreten - durch die größere Anzahl an Restaurants, die Möglichkeit, in fast allen Restaurants Plätze zu reservieren (und seit heute geht das auch über das Bordportal) und teilweise ausgedehntere Öffnungszeiten hat sich die Lage hier deutlich entspannt. Aktuell sind rund 3.000 Passagiere an Bord - also auch von daher lässt sich da durchaus schon von Echtbetrieb sprechen.

Bevor ich mich dann in Richtung meiner Kabine begebe, nutze ich noch einmal die neuen Möglichkeiten an Bord und statte dem Organic Spa noch einen Besuch ab - und die Abendstimmung hier hat schon was. Das Außendeck ist schön illuminiert, die Saunen sind bei den Aufgüssen nicht überfüllt (besser gesagt, wir sind zu zweit in der Sauna) - das hat was. Und da praktisch niemand auf seinem Balkon sitzt, ist auch niemand da, der sich an den Nackedeis im Whirlpool stören könnte ...

Im Übrigen höre ich, dass man das Konzept mit den Tageskarten wohl noch einmal modifizieren will. Anstelle der Tageskarten soll es zukünftig so eine Art „Zeitkarten" geben, d.h. man bucht sich entweder für den Vormittag, den Nachmittag oder den Abend ein - wobei ich zu den Preisen noch keine Informationen erhalten habe. Die Wochenkarte für 99 € soll aber weiterhin im Angebot bleiben - und die stellt für mich auch die einzige vernünftige Alternative dar, da ich schlichtweg im Vorfeld einer Reise nicht weiß, zu welchen Zeiten ich den Bereich nutzen möchte ... das hängt einfach von zu vielen Faktoren ab (Wetter, Lust, Laune, Freunde, parallele Veranstaltungen an Bord, ...). Für eine gewisse „Entspannung" kann das neue Modell allerdings schon sorgen - so lange die Zahl der verkauften Karten wie aktuell auf 115 begrenzt ist, ist die Zahl derjenigen, die den Organic Spa auf einer Wochenreise niemals von innen sehen können, halt doch ziemlich groß.

Zurück auf meiner Kabine finde ich dann noch Post ... die Media Managerin schreibt mir und fragt an, ob ich morgen als Gast gemeinsam mit Feliks Büttner (das ist der Künstler, der den Kussmund entworfen hat) in Stephan's Prime Time kommen mag und mich mit den beiden ein bisschen über AIDA unterhalten mag. Hm, das hatte ich auch noch nicht - da muss ich bis morgen mal drüber nachdenken, ob ich das wirklich will ...

3. Mai 2016

Le Havre (Frankreich)

7.30 Uhr - die Sonne scheint mir durch die Verandatür aufs Gesicht. Zeit zum Aufstehen, zumal ab 8.00 Uhr mit dem Frühstücksservice zu rechnen ist. Ich schaue kurz mal im Morgenmagazin was in der Welt so passiert, gehe durch meine „Badelandschaft“ und bin gerade rechtzeitig vorzeigbar, als der Suitenservice an die Tür klopft.

Auf einem Wagen kommt mein Frühstück angerollt - und da die Sonne genau auf den Tisch auf der Veranda scheint, lasse ich dort servieren. Eine Etagere mit Wurst, Schinken, Käse und Lachs gehört genau dazu wie ein Kännchen frisch gepresster (!) Orangensaft, eine Brötchenauswahl, Marmelade, Honig und ein Obstsalat - und natürlich ein kleines Rindersteak :-) Auf den Kaffee habe ich bewusst verzichtet - da macht meine Kaffeemaschine auf der Suite besseren.

Ich gebe zu - das erinnert ein bisschen an die Europa 2. Frühstück in der Sonne auf der eigenen Veranda ist dann jetzt doch mein Top-Favorit. Ich glaube, das mache ich morgen wieder - mal schauen, was der Wetterbericht so sagt ...

Der guten Ordnung halber übrigens hier mal die Gesamtliste, was man so zum Frühstück bestellen könnte: Brotkorb (Frühstücksbrötchen, Vollkornbrot, Graubrot, Weißbrot, Croissant, Toast, Dänisches Gebäck); Aufstrich (Butter, Margarine, Honig, Nutella, Marmelade), Cerealien (Cornflakes, Chocos, Frosties, Smacks, Crunchy Nuts, Frühstücksmüsli), Fisch (Räucherlachs mit Sahnemeerrettich), Kalte Platte (Schnittkäse, Weichkäse, Roher Schinken, Kochschinken), Obst (Obstsalat, exotischer Obstteller, halbe Grapefruit mit Honig und Zucker, Handobstauswahl), warme Speisen (gekochtes Ei hart/weich, Rührei, Pancakes mit Ahornsirup, kleines Rindersteak mit Zwiebeln, Omelette nach Wahl mit Pilzen, Schinken, Zwiebeln, Paprika, Käse und/oder Schnittlauch), frisch gepresster Orangen- oder Grapefruitsaft, Apfel-, Tomaten- oder Multivitaminsaft, Filterkaffee oder koffeinfreier Kaffee, Wasser mit/ohne Kohlensäure, heiße/kalte Milch oder Kakao, Schwarz-, Kräuter- oder Pfefferminztee.

Und so sitze ich jetzt in Le Havre auf meiner Veranda in der Morgensonne, lese die Heimatzeitung im Netz und lasse es mir schmecken. Naja, Urlaub halt. Und zugegebenermaßen: in einer Suite noch ein bisschen mehr. Leider allerdings mit dem Nachteil, dass man für Suiten halt doch höhere Preise aufruft ... von daher ist das eine schöne Erfahrung, ein Dauerzustand wird es wohl leider nicht werden.

Gegen 9.00 Uhr schaut das Housekeeping mal vorbei, verschiebt seinen Besuch dann aber auf später, so dass ich zunächst in Ruhe zu Ende frühstücken kann. Und da die Sonne immer noch auf die Veranda scheint, bleibe ich gleich dort sitzen und schreibe noch ein paar Erlebnisse auf.

Doch irgendwann hat sich die Sonne dann doch weggedreht – und so ist ein Wechsel der Location angesagt. Für das FKK-Deck ist es wohl noch etwas zu frisch (das probiere ich nachher mal in der Mittagssonne aus - ansonsten geht es in den Infinity Pool auf dem Patiodeck) und so gehe ich zunächst in die AIDA Lounge, mache etwas Büroarbeit (was weg ist, ist weg), sage meinen Auftritt in der Prime Time ab (ich habe da mal drüber nachgedacht - ich glaube nicht, dass ich das machen will) und lese dann noch ein bisschen bei einem Glas Rosé-Cuvée (ja, ich weiß auch, dass das ein bisschen dekadent ist).

Zurück auf meiner Kabine finde ich dann erneut einen Kabinenbrief an der Tür: dieses Mal lädt der General Manager zur „Sternstunde" ein - er will uns übermorgen um 14.00 Uhr „nach Rotterdam entführen". Ich bin gespannt - da wiederum sage ich gleich mal zu :-)

Die Sonne gewinnt immer mehr die Oberhand, am Himmel ist aktuell praktisch kein Wölkchen mehr zu sehen. Auf den Infoterminals wird eine Außentemperatur von 12°C angezeigt - also raus an die frische Luft. Ich mache mich auf den Weg zum FKK-Deck (das übrigens ziemlich weit vorn liegt und damit fast 300 m von meiner Kabine entfernt - die Wege auf diesem Schiff sind schon deutlich länger als auf den anderen Schiffen ... da muss man in der Tat darüber nachdenken, ob eine Kabine in Schiffsmitte und zwischen den öffentlichen Decks gelegen nicht die bessere Wahl wäre.)

Hier oben ist es windstill, es tummeln sich schon ein paar „Nackerte" in der Sonne und auch der Whirlpool wird - wie immer - desinfiziert. ;-) Ich richte meine Liege auf die Sonne aus, breite das gelb-weiße Handtuch aus und habe Urlaub. Offensichtlich fängt es tatsächlich an, Sommer zu werden - und auch der Wetterbericht sieht für die kommenden Tage (und vor allem auch die Taufe der Prima am kommenden Samstag) ja richtig gut aus. Ich glaube, ich bestelle nachher gleich mal das Frühstück für morgen wieder auf die Veranda ...

Und genau so mache ich das auch ... ich bleibe erst mal noch ein bisschen in der Sonne liegen und mache mich dann auf den Weg in die AIDA Lounge. Vorher schaue ich noch mal bei der Rezeption vorbei und kläre mal ab, welche Teile meines Bordguthabens ggf. auszahlbar sind (da sammelt sich manchmal doch einiges an, was man dann im Laufe der Reise nicht komplett „abarbeiten" kann) und gehe beim Rückweg noch mal kurz in den Pier 3 Market.

Da im Vorfeld der Reise angekündigt wurde, dass man sich hier durchaus auch sein Frühstück holen könnte, will ich mir das doch mal genauer anschauen. Hier finden sich dann auch verschiedene Kühlschränke, in denen sich u.a. belegte Sandwiches oder Baguettes befinden. Darüber hinaus gibt es noch frische Croissants. Und auch Lunchboxen aus Karton, die man damit befüllen könnte. Ich spreche mal mit dem anwesenden Barmitarbeiter - und er bestätigt mir das: die Speisen sind hier komplett im Reisepreis inkludiert - man kann sich also durchaus Sandwiches auf die Kabine oder auch in der

Lunchbox für unterwegs mitnehmen. Lediglich die Getränke (die es in Flaschen gibt) sind zu bezahlen.

Da kann ich verstehen, dass das ein bisschen verhalten kommuniziert wird - ich könnte mir vorstellen, dass ansonsten hier die Hölle los ist, wenn sich jeder der rund 3.000 Gäste sein Lunchpaket für unterwegs packen will. Da bin ich wirklich mal gespannt, wie sich das entwickelt ...

Aber wieder zurück in die AIDA Lounge - ich bestelle beim Concierge mein Frühstück für morgen früh, tausche dabei aber das Steak gegen ein Omelett aus ... mal schauen, wie das schmeckt. Und da wir jetzt eh gerade Kaffeezeit haben, genehmige ich mir noch schnell eine Latte und ein Nuss-Croissant.

Die Sonne scheint noch immer und so genieße ich beides im Außenbereich der Lounge, tue was für meinen Teint und nutze die Verfügbarkeit des französischen Mobilfunknetzes, um meine Zeitschriften bei readly.com upzudaten.

Ich verlasse die Louge um kurz nach halb sieben - und stelle fest, dass seit fünf Minuten „Super Gold Bingo“ im Theatrium läuft. Das macht mir zwar nicht unbedingt Spaß (ich bin da mehr so der Freund des AIDA-Aktiv-Bingo), aber es gibt potenziell 2.000 € zu gewinnen. Und die hätte ich dann doch schon genommen - zumal das die Gelegenheit gewesen wäre, meinen 20-€-Casinogutschein einzulösen, den es für Clubmitglieder gibt.

Aber gut, da kann man nichts machen - dann hole ich mir halt nachher zwanzig Rubbellose. Und gewinne halt damit. Vorher schaue ich aber mal im French Kiss vorbei und versuche, für morgen Abend einen Tisch zu reservieren - denn aktuell ist die Restaurantreservierung über das Bordportal mal wieder ausgefallen, so dass das nur live vor Ort geht.

Und siehe da - es wäre gar kein Problem. „Wäre", weil ich das dann doch nicht in Anspruch nehme - ich kann nämlich auch gleich dortbleiben. Und das mache ich jetzt auch - irgendwas essen muss ich ja sowieso.

Und so kommt es heute zu meiner zweiten Begegnung mit dem French Kiss - und die ist genauso gut wie die erste. Das Beef Tartar und den Salade Niçoise nehme ich auch heute, die Lammkoteletts ersetze ich heute mal mit „Scampi grillées à la crème au pastis, brioche au sel de mer" (Gebratene Scampi in Pastis-Creme mit Meersalz-Brioche). Einfach nur lecker ...

Inzwischen haben wir auch abgelegt, wobei das leider nicht wirklich zu beobachten ist, da auch hier-- wie bei den meisten anderen Restaurants - der Blick nach draußen entweder nicht vorhanden oder durch Rettungsboote verstellt ist. Eigentlich schade ... das hat die Restaurants auf AIDA-Schiffen meines Erachtens immer ausgezeichnet, dass man hier einen unverstellten Blick aufs Meer hat. Und nicht nur der ist weggefallen - viele der Restaurants liegen an einem Durchgangsweg und sind zu dieser Seite offen (so wie das Brauhaus auf den Schiffen der Sphinx-Klasse), so dass es immer irgendwie unruhig in den Restaurants ist. Das hätte man vielleicht auch eleganter lösen können ...

Für den Rest des Abends gibt es für mich nun zwei Optionen: „Wer wird Millionär“ im Theatrium oder alternativ die Übertragung der Champions League im Four Elements. Ich entscheide mich für das Bayern-Spiel, hole mir zum Dessert noch ein Softeis aus dem Fuego und freue mich auf einen schönen Fußballabend beim „Rudelgucken“.

Und auch wenn es für die Bayern trotz Sieg kein Erfolg gewesen ist - für die Kandidatin bei „Wer wird Millionär“ sah das schon anders aus: eine dreitägige Kurzreise mit AIDA ist als Preis für 125.000 Punkte ja nicht zu verachten. Die 500.000-

Punkte-Frage (das wäre dann eine siebentägige Kreuzfahrt gewesen) lautete übrigens: „Durch wie viele Länder fließt der Niger?“ - nur für den Fall, dass der eine oder andere meint, so schwer könne das doch alles gar nicht sein.

Auf dem Rückweg schaue ich noch mal im Casino vorbei, hole mir zwanzig Rubbellose für meinen Casinogutschein und gehe dann so langsam mal in Richtung Kabine, schaue mir dort noch die Prime Time an (die auch ohne mich nicht langweilig war) ;-) und freue mich auf den morgigen Tag, an dem auch wieder mit steigenden Temperaturen gerechnet wird.

4. Mai 2016

Zeebrugge (Belgien)

Da wir heute erst gegen 10.00 Uhr anlegen werden, bin ich zur Frühstückszeit noch auf See unterwegs - und damit ist die Sonne überall, nur nicht auf der Veranda. Schade, aber damit ist es fürs Frühstück im Freien zu kühl, so dass ich zur Abwechslung mal den Esstisch in der Kabine benutze.

Das Frühstück ist wie gestern - sehr lecker. Und da inzwischen auch schon belgisches Mobilfunknetz in Reichweite ist, gibt es zum Frühstück als Morgenlektüre auch die gewohnte Zeitung von zu Hause.

Einen Landgang habe ich auch für heute nicht vorgesehen - schließlich war ich vor vier Wochen erst mit der AIDAmar in Brügge (das lohnt sich übrigens). Ich will den Tag heute dann viel mehr für ein bisschen Urlaub in der Sonne nutzen - schließlich sind für heute viel Sonne bei 17°C vorhergesagt.

Bis es soweit ist, müssen wir aber mal abwarten, bis das Schiff fest im Hafen liegt - danach weiß ich, wann die Sonne wo auf dem Schiff scheint und wo ich die nächsten Stunden verbringen werde.

Beim Weg in die AIDA Lounge, die ja direkt am Theatrium liegt, stelle ich übrigens zum wiederholten Mal fest, dass man auf diesem Schiff aufgrund der Länge von rund 300 m bei der Wahl der Kabine durchaus deren Lage berücksichtigen muss. Wir sind halt nicht auf der Cara, wo man aus der Kabine geht und mehr oder weniger im Restaurant oder dem Theater herauskommt - hier sind Wege zurückzulegen. Und war sowohl horizontal als auch vertikal.

Und je nachdem ob man das als „Sportersatz" ansieht oder den kurzen Weg ans Buffet bevorzugt, muss man sich schon überlegen, ob vorn, hinten oder die Schiffsmitte die optimale Lage ist. Und da es Verandakabinen sowohl auf Deck 5 als auch auf Deck 16 gibt, sollte man auch deren jeweilige Vor- und Nachteile in Erwägung ziehen bevor man final bucht.

So hat meine Kabine am Heck zwar den Nachteil, dass ich in Richtung Theatrium, Plaza, AIDA Lounge oder auch zur Currywurst hin- und zurück fast einen halben Kilometer unterwegs bin, dafür aber mittels den direkt neben den Kabinen gelegenen Panoramaaufzügen ruck-zuck in der

Lanaibar auf Deck 7, den Restaurants, die sich ja allesamt im Heck befinden oder auch im Four Elements auf Deck 14 bin. Der Organic Spa mit den Saunen oder gar das FKK-Deck sind dafür doch relativ weit entfernt - von daher hatte auch meine Lanaikabine durchaus ihre Vorteile.

Inzwischen hat sich die Sonne übrigens komplett nach draußen gewagt - und so schaue auch ich einmal, ob es denn windstill genug ist, um sich ein bisschen in die Sonne zu legen und zu lesen.

Ist es - und so bin ich die nächsten 1 ½ Stunden auf Deck 18 zu finden. Der Whirlpool ist heute zwar nicht mehr mit einem Netz gesichert, das Schild „Desinfektion" verhindert aber weiterhin die Nutzung. Naja, ich habe ja noch zwei Tage Zeit - mal schauen, ob ich auch noch mal in diesen Pool komme.

Wenn man so in der Sonne liegt, dann hat die - trotz der Tageshöchsttemperatur von 14°C - durchaus schon Kraft ... oder anders ausgedrückt: ich fühle mich ganz gut durchgebraten. Einen Sonnenbrand erwarte ich zwar nicht, aber man weiß ja nie. Von daher gehe ich jetzt doch mal wieder nach innen, nehme auf dem Weg zurück in die Kabine an der Sunset Bar einen Muffin mit und verbringe dann den restlichen Nachmittag gemeinsam mit meinem Laptop auf der Veranda im Schatten.

Die Kaffeemaschine macht derweil einen Espresso und ein Bitter Lemon findet sich auch in der Minibar. Irgendwie könnte ich mich hier echt an eine Suite gewöhnen ... ich glaube, wenn das Schiff (oder besser gesagt, das Schwesterschiff AIDAperla) im Mittelmeer unterwegs ist und man dann auch die Außenbereiche, die Lanaibar oder die eigene Veranda intensiver nutzen kann, macht das noch mehr Spaß - Ganzjahresschiff hin oder her.

Für das Abendessen habe ich mir heute mal einen Streifzug durch die vier Buffetrestaurants vorgenommen - einfach um mal zu sehen, was es da so gibt und mit welchen Neuerungen man an Bord von AIDAprima rechnen kann.

Beginnen wir im Weite Welt Restaurant auf Deck 7. Hier gibt es jeden Tag einen Themenabend - heute ist das (oh, Wunder) „Belgien". Wobei ich zugegeben nicht allzu viel finde, was „typisch belgisch" ist. Also entweder sind die belgischen Pommes mit den Spezialsaucen und die belgischen Waffeln gut versteckt oder man hat hier auf andere Speisen gesetzt.

Das Restaurant ist gut gefüllt, es ist aber kein Problem, hier noch freie Plätze zu finden. Einige Tische sind mit „Reserviert"-Schildern versehen - aber das ist ja auch der Plan im neuen Konzept, dass man auch in den Buffetrestaurants einen Tisch reservieren kann (hierfür gibt es einen separaten Bereich im Restaurant).

Lediglich an der Technik muss noch ein bisschen gearbeitet werden - die verschiedenen Systeme greifen hier noch nicht wirklich ineinander (wenn sie denn überhaupt funktionieren). In der Theorie ist das wohl so gedacht, dass man im Vorfeld der Reise entweder über MyAIDA oder eine spezielle AIDAprima App für das Smartphone Tischreservierungen vornehmen kann. An Bord sollte das denn ebenfalls über die App oder alternativ das „Bordportal" gehen, das sowohl auf den Smartphones, Tablets und Laptops der Passagiere als auch auf allen Touchscreens auf dem Schiff verfügbar ist. Und natürlich auch direkt vor den Restaurants beim jeweiligen Restaurantleiter. Wenn das denn so funktioniert und man damit auch relativ kurzfristig noch Tische reservieren kann, ist das durchaus ein Schritt nach vorn - wobei es aus meiner Sicht genauso wichtig ist, weiterhin auch die Möglichkeit für spontane Restaurantbesuche, zumindest in den Buffetrestaurants, zu haben. Denn gerade diese Spontanität unterscheidet AIDA ja auch von den Anbietern „klassischer Kreuzfahrten".

Das Weite Welt Restaurant ist übrigens auch das einzige der Buffetrestaurants mit einem Außenbereich - und das macht sich heute bemerkbar: kaum kommt die Sonne raus, sind die Tische im Freien besetzt.

Ich genehmige mir hier ein paar kleine Vorspeisen und wechsele dann die Lokation - weiter geht es jetzt im Marktrestaurant auf Deck 6. Und hier kennt man sich aus - irgendwie ist alles vertraut, auch wenn die Anordnung natürlich den örtlichen Gegebenheiten angepasst ist. Leider scheint man dabei aber mit begrenzten Platzverhältnissen konfrontiert worden zu sein - die Gänge zwischen den Buffets sind gefühlt noch enger als auf den anderen Schiffen.

Dafür findet man hier -wie auch in den anderen Buffetrestaurants - eine Neuerung: „Weinstationen". Neben den weiterhin kostenlosen Tischweinen besteht jetzt die Möglichkeit, hochwertigere Weine mittels Bordkarte aus Weinstationen zu „zapfen" - und wenn man den Diskussionen im Netz glauben darf, technisch wohl so ausgereift, dass der Wein trotz der verwendeten Technik geschmacksneutral im Glas landet.

Und noch etwas fällt auf - viele der Desserts findet man portioniert in kleinen Gläschen oder portionsgerecht geteilt, so dass die Buffets optisch deutlich ansprechender aussehen als wenn jeder mit dem Löffel in der großen Schüssel kratzt. Gefällt mir.

Ich entscheide mich, hier die Hauptspeise zu essen - denn am Buffet finden sich einige Rinderfilets. Dazu gibt es noch etwas Salat vom sehr appetitlichen Salatbuffet - wobei man hier nichts erwarten sollte, was man nicht auch von den anderen Schiffen kennt. Aber das ist ja für ein Salatbuffet auch ausreichend.

Und da ich das East Restaurant ja vorgestern schon einem ausführlichen Test unterzogen habe, ziehe ich gleich weiter ins Bella Donna - hier gibt es dann das Dessert: ein bisschen Männerobst und ein Gläschen mit einer Zitronencrème (glaube ich zumindest).

Aber sowohl hier als auch vorher im Marktrestaurant gibt es keine Probleme, einen freien Platz zu finden - das hängt aber vielleicht auch damit zusammen, dass ich in beiden

Restaurants gegen Ende der ersten „Genießerzeit" ankomme. Diese startet bei beiden um 18.00 Uhr und endet um 19.30 Uhr, die zweite beginnt um 20.00 Uhr und endet um 21.30 Uhr - also so wie man es auch von den anderen Schiffen im Marktrestaurant kennt. Hier hat diese man aber zusätzlich auch im Weite Welt Restaurant eingeführt - allerdings leicht verschoben: hier gibt es von 18.30 - 20.00 Uhr und von 20.30 - 22.00 Uhr etwas zu essen.

Und während Stephan zu seiner Prime Time lädt, ziehe ich mich auf meine Kabine zurück - hier versuche ich, das Hessenpokalfinale im Livestream zu sehen ... muss aber leider feststellen, dass das Schiffsnetz das nicht wirklich hergibt - da gibt es also auch noch etwas Spielraum nach oben. Auf anderen Schiffen hat Videostreaming nämlich problemlos geklappt.

Also gut, dann muss ich mich halt per WhatsApp auf dem Laufenden halten lassen - und das Endergebnis entschädigt mich für das fehlende Bewegtbild.

Zum Schlafen ist es zu früh und gelesen habe ich heute schon genug. Ich entscheide mich daher dafür, mal in den Beach Club zu gehen - da gibt's jetzt die Beach Party mit Live-Band und DJ Marcel.

Und irgendwie ist mir jetzt nach Party bevor ich dann gegen Mitternacht den Weg ins Bett finde.

5. Mai 2016

Rotterdam (Niederlande)

Es ist 6.30 Uhr, ich wache auf, die Sonne scheint in meine Kabine. Wir haben Rotterdam fast erreicht und beschäftigen uns jetzt in den nächsten 1½ Stunden mit dem „Einparken". Dem Wetterbericht zu Folge soll ein es ein schöner Tag mit bis zu 20°C werden - aber so langsam wird es ja auch Zeit, dass wir dem Winter entfliehen.

Ich schalte mal kurz ins Morgenmagazin ... habe ich zumindest vor. Hm, warum läuft das denn nicht? Und dann fällt es mir ein - heute ist ja Christi Himmelfahrt und damit ein Feiertag. Das haben gestern übrigens auch viele derjenigen gemerkt, die einen Ausflug nach Amsterdam gebucht haben und heute vor verschlossenen Geschäften stehen werden.

Mein Plan sieht hingegen vor, heute Vormittag das Wetter auszunutzen und mich ein bisschen in die Sonne zu legen, heute Nachmittag findet dann ja die „Sternstunde mit dem General Manager" statt, von der wir bislang nur wissen, dass wir uns um 13.45 Uhr im Theatrium mit „wetterangepasster

Kleidung" treffen und zwischen 16.00 Uhr und 18.00 Uhr im Shuttleverkehr zurück zum Schiff kommen - was dazwischen passiert, ist noch geheim.

Und da wir hier overnight liegen, sollte sich heute Abend die Gelegenheit ergeben, mit dem Taxi zum „Euromast" zu fahren, einem Aussichtsturm im Hafen, von dem aus man die illuminierte AIDAprima, die direkt gegenüber angelegt hat, eigentlich recht gut fotografieren können sollte. Und wie ich höre, soll heute Abend auch der Testlauf für die Lichtershow am Taufabend stattfinden - das wäre natürlich traumhaft.

Bis es soweit ist, haben ich ja aber noch etwas Zeit und so gehe ich mal schnell ins Bad bevor ich für ein kleines Frühstück in die AIDA Lounge wechsele. Zwei halbe belegte Baguettes, ein Croissant und ein Cappuccino müssen heute mal reichen. Und gleichzeitig nutze ich die Zeit und schreibe ein bisschen was zu dieser Reise auf.

Ach ja, das gleiche Frühstück würde es für Nicht-Suitenbewohner übrigens auch geben ... im Pier 3 Market finden sich ja auch belegte Baguettes und Croissants, hier müsste man dann lediglich den Cappu bezahlen. Und könnte nicht draußen sitzen - es sei denn, man nimmt es einfach in der

Lunchbox mit auf die Kabine. Wäre für mich bei guten Wetter in einer Verandakabine in jedem Fall eine Alternative.

Ich gehe jetzt zumindest erst einmal in die Sonne, schaue mal auf dem FKK-Deck vorbei und verbringe so noch mal ein paar Stunden „Urlaub", ganz ohne Handy und Notebook. Und das Wetter ist traumhaft hier oben. Praktisch windstill und in der Sonne eigentlich schon zu warm. Dafür besteht heute erstmals die Möglichkeit, den Whirlpool (ist übrigens für maximal zwölf Personen ausgelegt) zu nutzen - kein Netz und kein „Desinfektionsschild" hindern mich daran. Jetzt müsste der nur noch ein bisschen wärmer sein ... ;-) Aber das ist ja keine neue Erkenntnis, dass AIDA gern mal an der Temperatur in den Whirlpools spart - warum auch immer ...

Bevor ich zurück in meine Kabine gehe, um mich für die „Sternstunde" fertig zu machen, gehe ich noch mal kurz auf die Toilette - die gibt es inzwischen ja hier oben. Und stehe kurz vor einer Panikattacke. Was ist passiert? Nun, zunächst läuft alles so wie gedacht - aber dann will ich die Tür wieder aufschließen, drehe am Riegel - und nichts passiert. Also „nichts" stimmt nicht so ganz - das Teil, was ich in der Hand habe, dreht sich schon -

Runde um Runde. Nur scheint es keine funktionierende Verbindung zur Verriegelung (mehr) zu geben - die Tür bleibt zu.

Sch ... so schön es ist, dass hier oben jetzt Toiletten sind - so schlecht ist es, dass außer mir im Moment niemand mehr hier oben ist ... alle anderen sind vermutlich zum Mittagessen entschwunden. Von daher würde auch Klopfen nicht wirklich weiterhelfen. Mein Handy liegt in der Tasche auf der Liege und auch sonst habe ich nicht wirklich etwas bei mir, was jetzt hier weiterhelfen könnte. Die einzige Kommunikationsverbindung nach außen scheint der Rauchmelder zu sein - aber der reagiert halt nur auf Rauch und Temperatur. Beides ließe sich zwar zur Not mit Toilettenpapier erzeugen - aber halt nicht ohne Feuerzeug.

Bleibt also nur die Hoffnung, dass auch diese Toilette mal gereinigt wird und ich mitbekomme, wenn der Toilettenreiniger vorbeischaut. Und während ich mich umschaue, ob ich nicht doch noch etwas finde, was mir jetzt irgendwie weiterhelfen könnte, versuche ich immer wieder mal die Tür zu öffnen - vielleicht geht's ja doch irgendwann. Geht es aber nicht ... bis auf den Moment, in dem ich - warum auch immer - mal nach links drehe. Da hat was geklackert. Ich drehe danach noch mal nach rechts - und siehe da: der Riegel schiebt sich zurück als ob er noch nie etwas Anderes gemacht hätte.

Was auch immer der Grund für diese Fehlfunktion war - ich konnte sie (bei geöffneter Tür!) nicht noch einmal nachstellen. Der Riegel hat immer gemacht, was er sollte. Von daher fällt das wohl in die Kategorie „Dumm gelaufen“. Aber ist ja alles noch mal gut gegangen.

Zurück auf der Kabine berichte ich der Rezeption von dem Problem - ich bin mir nicht sicher, ob sie mir geglaubt oder das in der Kategorie „Zu doof, eine Tür zu öffnen“ abgelegt hat. Wie auch immer - in den kommenden zwei Tage gehe ich ein Deck tiefer auf die Toilette.

Wobei mir gerade einfällt, dass ich von der auch noch berichten wollte - die Herrentoilette vor dem Beach Club auf Deck 15 ist nämlich eine kleine Fehlplanung - das merkt man allerdings erst, wenn es zu spät ist: eines der Urinale ist nämlich so montiert, dass beim Öffnen der Eingangstür (und durch die Sensoren öffnet sich die komplett und bleibt dann etwa zehn Sekunden offenstehen) jeder, der draußen vorbeigeht, einen unverstellten Blick auf dieses Urinal hat. Und halt nicht nur auf das Urinal ... ;-)

Aber sprechen wir lieber von der Sternstunde. Um 13.45 Uhr treffen wir uns hierzu im Theatrium auf Deck 6 - wobei „wir“ auf dieser Reise mehr als 200 „Grüne und Goldene“ sind. Für uns stehen mehrere Reisebusse vor dem Schiff bereit, die uns in die Altstadt von Rotterdam bringen - genauer gesagt ins „Wereldmuseum“.

Hier werden wir von unserem General Manager Konstantin Burkämper und seinem Team mit einem Gläschen Sekt und kleinen Häppchen begrüßt, haben vom Balkon des Museums einen schönen Blick auf die AIDAprima und können die aktuell laufende Ausstellung über „Afrika“ besuchen.

Und da wir uns direkt in der Altstadt befinden, kann man den Aufenthalt auch gleich noch für einen kleinen Bummel nutzen - das Wetter lädt ja geradezu dazu ein. Zurück zum Schiff geht es dann mit den regelmäßig fahrenden Shuttlebussen oder individuell.

Ich entscheide mich für die Rückfahrt per Shuttlebus, stelle bei Rückkehr in meiner Kabine fest, dass man meine Abwesenheit genutzt hat, um zwei große Strahler in einer wasserfesten Hülle auf meiner Veranda zu installieren und hoffe, dass ich heute Abend vom Euromast aus ein schönes beleuchtetes Schiff sehen kann.

An der Touristeninformation am Hafen habe ich inzwischen auch herausfinden können, dass es verschiedene Möglichkeiten gibt, um vom Schiff zum Euromast zu kommen: zu Fuß (soll rund 30 Minuten dauern), mit dem Taxi, mit der Metro (die Station „Wilhelminaplein" befindet sich direkt am Cruise Terminal und mit Umstieg in „Beurs" kommt man zu den Stationen „Dijkzigt" bzw. „Coolhaven", die sich in der Nähe des Euromast befinden) oder - und das ist mein Plan - mit dem Wassertaxi, das direkt vom neben dem Schiff befindlichen Hotel „New York" bis zum Euromast fährt. Mal schauen, ob das dann nachher auch so klappt.

In diesem Zusammenhang kann ich dann übrigens auch gleich was zum Liegeplatz der AIDAprima sagen - wir liegen hier mehr oder weniger direkt in der Innenstadt am Cruise Terminal (also nicht wie befürchtet irgendwo im Containerhafen), so dass man kurze Wege in die Altstadt hat. Das Terminal ist von mehreren Hochhäusern umgeben (ich hatte irgendwie gar nicht vor Augen, dass Rotterdam so etwas wie eine Skyline hat), was allerdings auch den Nachteil hat, dass auf diesem Liegeplatz kein

Fernsehempfang möglich ist - die Satelliten werden schlichtweg durch die Gebäude abgeschirmt.

Und was auf den ersten Blick gar nicht so dramatisch erscheint (muss man denn ständig Fernsehen gucken?), wird hier an Bord und auch schon auf Facebook sehr intensiv diskutiert (das EM-Spiel Deutschland gegen Polen findet beispielsweise an einem Donnerstag (16. Juni) statt - und das hat einen Kommentator auf Facebook bereits dazu veranlasst, diese Reise zu stornieren).

Gegen 19.30 Uhr will ich mich auf den Weg zum Euromast machen (der Sonnenuntergang ist nach Rückfrage bei Siri um 21.14 Uhr), damit ich genügend Zeit habe, vorher und nachher zu fotografieren - außerdem weiß ich nicht, wie groß da aufgrund des Feiertages heute der Andrang ist.

Und so gehe ich nur kurz einige Tapas essen bevor ich mich auf den Weg zum Hotel New York mache, um mal zu schauen, ob das mit den Wassertaxen da so funktioniert wie gedacht.

Und direkt neben dem Hotel finde ich dann auch die „Watertaxi"-Station. Ich frage kurz nach einem Wassertaxi zum Euromast und werde gebeten, kurz zu warten. Es dauert keine fünf Minuten bis ein leeres Boot, gelb-schwarz lackiert, angefahren kommt. Der Fahrer bittet mich einzusteigen und Platz zu nehmen - und schon geht es los. Er schiebt den Gashebel nach vorn und das Boot legt los. Und genauso wie das schreibe, meine ich das auch: mit rund 50 km/h schießt das Boot einmal quer über den Fluss - und keine drei Minuten später stehe ich am Fuß des Euromast. Wow - das hatte was. Schneller kann man da nicht hinkommen. Ist allerdings nicht ganz billig: kostet 11,40 € - bei mehreren Personen (bis zu acht Personen passen in das Wassertaxi) relativiert sich das dann natürlich.

Und schon wieder stellen sich verschiedene Fragen. Ich will da ja jetzt hoch und später, wenn es dunkel ist, noch einmal. Der Sonnenuntergang ist um 21.14 Uhr, der letzte Aufzug fährt um 21.45 Uhr. Das sollte ja passen. Ich frage also mal an der Kasse, wie das hier so geht - und siehe da, das ist viel einfacher als gedacht. Ich kaufe ein Ticket für 9,50 €, kann damit den Turm betreten und mich dann im Turm frei bewegen. Beim Verlassen am Ausgang wird das Ticket erneut eingelesen und damit entwertet - und so lange ich nicht nach draußen gehe, ist alles gut.

Ein wichtiger Hinweis für diejenigen, die das vielleicht nachmachen wollen: an der Kasse des

Euromast werden ausschließlich (!) Kartenzahlungen akzeptiert - das Bargeld hat man hier schlichtweg abgeschafft. Von daher gilt: Ohne Karte kein Ticket - so einfach ist das hier.

Es ist jetzt 19.30 Uhr - von daher bleibt wie geplant ausreichend Zeit für Fotos. Ich fahre also zunächst mal mit dem Aufzug nach oben. „Oben“ heißt in diesem Fall die erste Plattform auf etwa 100 Meter. Ich schaue von hier auf die AIDAprima - und sehe nur die vordere Hälfte, da die hintere von einem Hochhaus verdeckt wird.

Mist, so war das nicht geplant. Aber es geht ja noch höher - eine Treppe führt auf 112 Meter. Aber auch von dort ist nicht das ganze Schiff zu sehen. Bleibt also nur noch der „Euroscoop“, eine sich rotierende, verglaste Gondel, die sich die obere Hälfte des Mastes bis auf 185 Meter nach oben schraubt. Und jetzt geht der Plan auf - von hier hat man geschätzt 30 Kilometer Sicht in alle Richtungen. Und auch auf AIDAprima ...

Und so mache ich die ersten Fotos aus der Gondel bevor ich wenige Minuten später wieder auf der 112 m hohen Plattform bin. Es ist kurz vor acht, bis zum Einbruch der Dunkelheit bleiben also noch etwa 1½ Stunden. Aber zum Glück kann man mit Smartphones ja nicht nur telefonieren - und so lese ich in der Kindle-App in meinem Buch an der Stelle weiter, an der ich heute Mittag in der Sonne auf dem Kindle aufgehört habe.

Gegen 21.00 Uhr wird es dann Zeit für weitere Fahrten - ich steige erneut in die Gondel ein und mache die nächsten fünf Fahrten mit. Der Gondelführer lässt mich dankenswerterweise immer gleich vom Ausgang zum Eingang durch und so kann ich ausgiebig den Sonnenuntergang und die inzwischen illuminierte AIDAprima fotografieren. Mal schauen, wie die Bilder durch die Glasscheibe denn so geworden sind.

Gegen halb zehn verlasse ich den Mast und mache mich auf den Rückweg. Da ich gern noch einige Bilder vom dem Schiff gegenüberliegenden Ufer machen würde (also von dort, wo wir heute mit der Sternstunde waren), entscheide ich mich, den Rückweg zu Fuß zurückzulegen. Ich hoffe, dass ich da nicht versehentlich in eine „No-Go-Area" gerate - aber irgendwie sieht es nicht danach aus. Und geht eigentlich auch ganz easy. Wenn man mal davon absieht, dass sich knapp 3 km dann halt doch ziehen.

Dafür werde ich am Hafen mit einem tollen Blick auf die AIDAprima belohnt - und inzwischen ist auch von Zeit zu Zeit die Beleuchtung für die

Taufe, die ja heute Abend getestet werden sollte, zu sehen. Und ab hier bin ich auch nicht mehr allein unterwegs - hier stehen einige Passagiere mit ihren Kameras am Ufer und halten die Szenerie auf ihren Speicherkarten fest.

Ich mache also noch einige Fotos und gehe dann über die Erasmusbrücke zurück zum Schiff. Hier gibt es jetzt noch eine Currywurst an der Scharfen Ecke (inzwischen weiß der Würstchengriller auch, dass ich das Teil gern extra-scharf esse) und zwei alkfreie Hefeweizen an der Casino Bar - irgendwie habe ich nach dem Fußmarsch dann doch etwas Durst.

An der Bar werde ich dann auch gleich wieder in die Diskussion des Tages an Bord verwickelt - der ausgefallene Fernsehempfang. Wie wichtig ist das den Menschen hier eigentlich? Und anstelle den Fakt mal zur Kenntnis zu nehmen, dass der Empfang aufgrund baulicher Gegebenheiten hier gestört ist (wenn ich die Satellitenschüssel zu Hause hinter den Schornstein montiere, klappt das ja auch nicht), werden hier Verschwörungstheorien vom Allerfeinsten aufgestellt: das wäre ja alles von AIDA so eingefädelt, um den Umsatz an den Bars zu steigern ... ohne Worte. Bei so viel

Beratungsresistenz helfen auch die besten Erklärungen nichts mehr ...

Aber wo ich schon mal im Casino bin, kann ich auf dem Rückweg ja auch gleich meinen Gewinn mitnehmen, den ich auf den Rubbellosen freirubbeln konnte (dafür, dass die nix gekostet haben, sind 10 € ja schon mal nett) und lasse mir mein Guthaben aus der Casino App auszahlen (und auch das ist erfreulicherweise um fast 100 € mehr geworden).

Zurück in der Kabine kopiere ich noch schnell die Fotos auf das Notebook bevor ich dann ins Bett verschwinde - zum Einschlafen schaue ich noch die Wiederholung der Prime Time ... die anderen Fernsehprogramme gehen ja nicht ... ;-) Und lache mich jetzt noch schlapp über einen von Stephan produzierten „Werbespot" aus Japan: Stephan sitzt mit einem Snickers in der Hand am Hafen, im Hintergrund die AIDAprima. Kommentar aus dem Off: „Snickers - wenn's mal wieder länger dauert!"

Jetzt bin ich wieder wach ... naja, dann kann ich auch noch ein bisschen lesen. Morgen steht ja nix Besonderes an ...

6. Mai 2016

Seetag - auf dem Weg zur Taufe

Wir legen gegen 6.00 Uhr in Rotterdam ab - und ich merke nichts davon. Scheint also relativ ruhig abgelaufen zu sein, denn in der Tat werde ich erst wach, als die Sonne wieder mal in die Kabine scheint.

Ich schalte testweise mal den Fernseher ein - und siehe da, das Haus ist weg, das TV-Programm wieder da. Kurz vor acht verlassen wir dann den Kanal, der uns aus Rotterdam geführt hat und machen uns auf den Weg mach Hamburg. Irgendwann im Laufe des Tages werden wir dann auf die AIDAaura treffen, die uns auf dem letzten Stück begleiten wird.

Jetzt ist aber erst einmal frühstücken angesagt. Und der Einfachheit halber nehme ich dafür heute noch mal ein Buffetrestaurant - und zwar entscheide ich mich für das East Restaurant. Ich finde sofort einen freien Platz, bekomme einen Kaffee gebracht und finde auch sonst alles das, was man auf AIDA zum Frühstück so gewohnt ist.

Die Spiegeleier werden frisch zubereitet und direkt aus der Pfanne gereicht - lediglich eine Omelettestation habe ich nicht finden können. Und auch in den anderen Buffetrestaurants ist mir die nicht wirklich in die Augen gesprungen. Auf den ersten Blick sieht es also so aus, als ob die im neuen Konzept nicht mehr vorkommt. Außer halt im French Kiss oder beim Suitenfrühstück im Buffalo.

Das Wetter ist auch heute wieder überzeugend und so bin ich jetzt hin- und hergerissen - lege ich mich erst mal in die Sonne oder schreibe ich weiter. Und da das der letzte Tag heute an Bord ist und mir die Zeit sonst wegläuft, entscheide ich mich für die AIDA-Lounge, trinke dort erst einmal einen Cappu und ergänze meine Schiffsbeschreibung bevor ich mich gegen Mittag dann in den Urlaub begebe - ich esse noch eines der frisch eingetroffenen Baguettes in der Lounge und gehe dann aufs FKK-Deck.

Ansonsten genieße ich weiterhin den Seetag. Die Sonne scheint den ganzen Tag (mal auf der einen, dann auf der anderen Seite) und je nach persönlichem Wärmeempfinden kann man heute alle Formen von Sonnenanbetern auf dem Schiff finden: „Wintermantel + Decke“ ist da genauso vertreten wie das Modell „Nackedei“.

Und dann gleich noch ein Wort zu den Außenbereichen - vielfach wird ja davon gesprochen, dass es zu wenige davon gibt. Das kann ich zumindest heute nicht wirklich bestätigen: überall finden sich noch freie Liegen oder Stühle im Freien - sei es an auf dem Lanaideck, an der Lanaibar, hinter dem Four Elements, auf Deck 17 und auch auf dem FKK-Deck. Auch in den „exklusiven Bereichen" Organic Spa, Patiodeck und AIDA Lounge sind viele Plätze frei - von daher sehe ich das Problem mit den Außenbereichen hier zumindest nicht. Und mit knapp 3.000 Passagieren ist das Schiff jetzt auch nicht wirklich leer.

Ich lasse das Mittagessen ausfallen und entscheide mich stattdessen vielmehr, meine Veranda, die ab heute Mittag zu den Sonnenplätzen an Bord gehört, zu nutzen. Ich mache mir einen Espresso und setze mich mit dem Obstteller und meinem Notebook in die Sonne.

Ab etwa 16.00 Uhr kommt dann wieder etwas Leben in die Bude. In der Ferne ist die AIDAaura zu sehen, die sich heute Morgen in Southampton auf den Weg gemacht hat, um uns bis nach Hamburg zu begleiten. Und so stehen jetzt auf beiden Schiffen winkende Menschen an der Reling, während die Kapitäne Nico Berg und Detlef

Harms leicht versetzt hinter- und nebeneinander herfahren.

Und spätestens als sich die beiden Schiffe dann mittels dreifachem Typhoon-Signal gegenseitig begrüßen, ist es wieder da - dieses Gänsehautfeeling.

Um 17.00 Uhr habe ich heute dann noch einen „Pflichttermin" - Detlef Harms tritt im Theatrium zur „Nautischen Stunde" an. Und die könnte ggf. ja noch mal interessant werden, da es in Bezug auf die AIDAprima ja manche Neuerung gibt, sei es beim Antrieb oder der Steuerung. Ich lasse mich mal überraschen ...

Zunächst erfahren wir einmal, dass die AIDAprima im Gegensatz zu den anderen Schiffen keinen herkömmlichen Schraubenantrieb mehr hat und auch die Steuerung nicht über ein Ruder erfolgt - vielmehr erfolgt Antrieb und Steuerung über sogenannte Pods, die eine Kombination aus Ruder und Schraube sind. Dadurch ist allerdings auch die Steuerung anders als bei den anderen Schiffen, so dass Kapitän Harms im Vorfeld auf der Costa Luminosa „üben" durfte und aktuell Kapitän Boris Becker bei uns an Bord ist, um sich für seinen Einsatz als Nachfolger von Kapitän Harms vorzubereiten.

Und während die gestellte Fachfrage zum „Frequenzwandler“ nicht beantwortet werden konnte (dafür hätte es den „Chief“ gebraucht), wissen wir jetzt allerdings, dass die Schiffslänge mit 299,95 Meter bewusst unter der Grenze von 300 Meter liegt, da dies oftmals die Berechnungsgrundlage für Hafengebühren darstellt - und dadurch gern auch mal „mehrere Tausend Euro“ gespart werden können.

Weiteres Thema war übrigens eine Neuerung, die m.E. nicht unwichtig ist - und zwar die Möglichkeit, dass eine der vier Hauptmaschinen anstelle mit Marinediesel mit umweltfreundlichem Flüssigerdgas (LNG) betrieben werden kann und diese Möglichkeit sukzessive in allen Häfen der Metropolenroute genutzt werden wird. Dadurch kann während der Liegezeiten in den Häfen auf die Verbrennung von Marinediesel oder gar Schweröl verzichtet werden. Die beiden für 2019 und 2020 geplanten Neubauten werden dann im Übrigen komplett, also auch im normalen Schiffsbetrieb, mit LNG betrieben werden.

Alles in allem eine interessante und kurzweilige Veranstaltung, die doch immer wieder den einen oder anderen interessanten Einblick gibt.

Und damit ist es 18.00 Uhr - und der letzte Abend an Bord beginnt. Zunächst mit dem Abendessen, für das heute dann doch noch mal das Brauhaus herhalten muss (Stichwort: „Schweinshaxe“). Und danach mit der letzten Prime Time der Reise, bei der dieses Mal der General Manager zu Gast ist.

Während ich so an der Casino Bar sitze, starte ich dann doch noch mal die Casino App (eigentlich hatte ich mir meinen Gewinn ja gestern schon auszahlen lassen) und schaue mal, ob da heute auch noch was geht - und siehe da ... das mit dem Roulette klappt echt gut: ruckzuck sind die Hotelkosten für morgen wieder eingespielt. :-)

Ich schaue noch mal in der AIDA Lounge vorbei, stelle aber fest, dass es so ohne Sonne im Außenbereich dann doch recht schnell kühl geworden ist - zumindest im T-Shirt ist das hier jetzt nichts mehr. Von daher schreibe ich drin noch ein bisschen weiter, nehme noch einen Cappuccino zum Verdauen und lasse mich dann gegen 22.00 Uhr noch zur Farewell Party im Beach Club sehen.

Hier gibt es dann noch Sex on the Beach aufs Haus bevor ich gegen Mitternacht, nachdem ich mich von den einen oder anderen (neuen) Bekannten verabschiedet habe, den Weg in meine Kabine finde.

Für morgen früh habe ich noch mal ein Frühstück auf die Suite bestellt - dann ist das mit dem Kofferpacken nicht so eine Hektik und alles irgendwie entspannter, so dass ich mich jetzt erst mal um nichts mehr kümmern muss - außer meinen Wecker auf 7.00 Uhr zu stellen.

7. Mai 2016

Zurück in Hamburg
Die Taufe der AIDAprima

Gegen 1.00 Uhr wache ich aber noch einmal auf ... und finde nach kurzer Orientierung auch heraus, wovon: Vogelgeschrei ... Ein Blick aus dem Fenster verrät dann auch gleich die Ursache: Hunderte, wenn nicht Tausende von Möwen verfolgen uns auf dem Weg die Elbe entlang. Ich weiß nicht, ob die bunte Beleuchtung der AIDAprima der Grund dafür ist oder ob der Kapitän Brotkrumen von der Brücke streut - so etwas habe ich jedoch noch nie gesehen geschweige denn erlebt.

Ohne jetzt wirklich Angst zu haben - ich mache trotzdem für alle Fälle mal die Verandatür zu ... schließlich habe ja auch ich „Die Vögel“ gesehen und irgendwie komme ich mir gerade vor wie der potenzielle Hauptdarsteller. In der BILD würde dann morgen wahrscheinlich stehen: „Horror! Möwen fallen auf AIDAprima ein! Vogel-Opfer tot in Kabine gefunden!“

Nun, die Tür ist zu, das Schreien verstummt (zumindest ist es durch die geschlossene Tür nicht mehr zu hören) und ich schlafe beruhigt weiter.

Bis ich gegen 7.00 Uhr von meinem Handy geweckt werde. Zeit zum Aufstehen, in einer halben Stunde kommt der Service mit dem Frühstück vorbei. Und bis dahin will ich zumindest im Bad durch sein und vielleicht auch schon meinen Koffer gepackt haben.

Das gelingt zwar nicht ganz, aber bis ich um 9.00 Uhr die Kabine verlassen muss, ist ja auch noch ausreichend Zeit. Und so genieße ich das letzte Frühstück an Bord in der Morgensonne auf meiner Veranda, während wir gerade rückwärts zu unserem Liegeplatz in Steinwerder fahren.

Kurz vor neun verlasse ich dann meine Kabine und mache mich auf den Weg zur Gangway . so wie gefühlt 3.000 andere Passagiere auch. Und auch wenn die meisten anderen noch nicht an ihr Gepäck kommen (das wird erst so gegen 10.00 Uhr freigegeben werden) und von daher sowieso im Terminal warten müssen, geht die Schlange einmal um das Theatrium. Das ist dann halt der Nachteil, wenn man von hinten kommt. Der Weg nach unten ging über den „Discoaufzug“ zwar schnell (die Aufzüge in den beiden großen

Treppenhäusern waren wohl hoffnungslos überlastet), dafür ist die horizontale Schlange jetzt länger als die vom mittleren Treppenhaus.

Aber wie auch immer - noch habe ich ja Urlaub. Also schiebe ich mich mit allen anderen Stück für Stück nach vorn bis ich nach rund zwanzig Minuten die Gangway erreiche. Im Terminal wird die Bordkarte zum letzten Mal eingelesen und dann geht es auch schon direkt zum Shuttlebus zum ZOB. Das „Ticket" habe ich bereits gestern in meiner Kabine vorgefunden (ich hatte den Transfer im Vorfeld über MyAIDA gebucht) und so komme ich im Gegensatz zu denjenigen, die das Ticket jetzt noch (erfolglos) am Bus lösen wollen, zu meinem Ziel.

Ich rolle mit meinem Koffer zu meinem Stammhotel, erfahre, dass der Early Check-In geklappt hat und mein Zimmer bereits fertig ist, so dass ich meine Sachen abstellen und noch ein Stündchen relaxen kann, bevor es dann zum nächsten Programmpunkt geht: einem Hubschrauberrundflug.

Den hatte ich - in der Hoffnung auf gutes Wetter - bereits zu Hause über hubschrauberflug.de gebucht, so dass mich mein Weg jetzt zum Flughafen führt. Dank der guten Anbindung mit der S1 und des Freifahrtscheins für den HVV vom Hotel bin ich bereits eine gute halbe Stunde später im Terminal.

Hier suche ich mir den kostenlosen Flughafenshuttle zu P8/P9, der die verschiedenen Parkplätze und Gebäude um das Flughafengelände herum anfährt, steige wie in der Bestätigungsmail meines Piloten beschrieben an der Haltestelle „Lufthansa Carpool“ aus und gehe die letzten 300 Meter zu Fuß bis zum Geschäftsflieger-zentrum.

Dort habe ich jetzt noch eine knappe Stunde Aufenthalt (da hatte ich den Zeitpuffer wohl zu großzügig gewählt), den ich jetzt im ange-schlossenen Café auf der Sommerterrasse mit einem Cappuccino in der Sonne verbringe und dabei dem Treiben auf dem Vorfeld zuschaue.

Pünktlich gegen 12.15 Uhr sammelt mich mein Pilot hier ein (gemeinsam mit zwei weiteren Passagieren), wir gehen durch die Sicherheits-kontrolle und dann zum bereitstehenden Hub-schrauber vom Typ Robinson R44. Da dieser nur vier Sitzplätze hat, hat auch jeder Passagier einen Fensterplatz (was ja nicht immer der Fall bei Hubschrauberflügen ist) - und ich den vorne links neben dem Piloten.

Im Gegensatz zum Hubschrauber in Südafrika hat man hier aber alle Bedienelemente auf meiner Seite abmontiert - das Vertrauen in die mitfliegenden Gäste scheint hier also eher niedriger zu sein als in Kapstadt. Da musste ein Hinweis („Do not touch anything!“) ausreichen.

Aber wie auch immer - ich will ja eh nicht fliegen sondern fotografieren. Und das geht aufgrund der optimalen Wetterbedingungen auch richtig gut - wobei der Hinweis des Piloten „Sie haben Glück, heute ist ja der Hafengeburtstag“ nicht ganz richtig ist - zumindest bei mir hatte das mit Glück nicht wirklich was zu tun. Und so gibt es jetzt einige nette Luftaufnahmen von Hamburg, dem Hafen und natürlich auch von der AIDAaura, die ja in Altona liegt und der AIDAprima in Steinwerder. Am dritten Kruezfahrtterminal in der Hafencity finden sich dazu aktuell noch die beiden Phoenix-Schiffe Artania (die ich ja auf einer Schnupperkreuzfahrt Ende Juli kennenlernen werde) und Amadea (das neue „Traumschiff“). Für den Abend wird dann noch die MS Europa von Hapag Lloyd erwartet.

Eine gute halbe Stunde später landen wir auch schon wieder in Fuhlsbüttel, ich shuttle zurück zum Terminal und fahre mit der S-Bahn wieder in die City. Wobei ich dieses Mal in Barmbek aussteige und mit der U3 weiter in Richtung „Baumwall“ fahre. Dort „(genauer gesagt am „Binnenanleger Süd“) soll heute Abend um 19.00 Uhr die Foto-Barkasse ablegen, auf die mich die Presseabteilung von AIDA eingeladen hat.

Und bevor ich heute Abend in Hamburg unter Tausenden Besuchern des Hafengeburtstags herumirre und den richtigen Anleger suche, schaue ich mich da lieber jetzt schon mal um. Und wie ich spätestens heute Abend feststellen werde, ist das eine gute Idee ...

Denn: hier gibt es keine Schilder, die diesen Anleger ausschildern. Und auch niemanden, der den kennt (im besten Fall sagt mal einer: „Ich glaube, ...“ oder „Der müsste eigentlich ...“). Bis ich mehr oder weniger zufällig ein kleines AIDA-Plakat sehe, das für „kostenlose Fahrten nach Steinwerder zur AIDAprima“ wirbt. Und davon hatte ich ja in einer Pressemitteilung gelesen. Ich schaue noch mal nach und stelle fest, dass auch diese Fahrten vom „Ponton am Binnenhafen Süd“ ablegen. Ehrlich: das hätte ich heute Abend nie gefunden.

Ich fahre zurück zum Hotel (was nicht ganz so trivial ist, da die Strecke der U3 zwischen den

Landungsbrücken und dem Hauptbahnhof doch eher gut frequentiert ist), ruhe mich noch ein bisschen aus, kopiere die Bilder vom Rundflug auf mein Notebook, lade noch einmal alle Akkus auf und schaue mir die Bundesligakonferenz auf Sky an.

Bis ich mich dann gegen 18.00 Uhr auf den Weg mache. Die Fahrt mit der U-Bahn klappt relativ problemlos (die füllt sich erst an der Station „Rathaus") und so stehe ich um Viertel nach sechs bereits am Anleger. Als sich eine Viertelstunde vor Abfahrt allerdings immer noch niemand zu mir gesellt hat, beginne ich dann doch, unsicher zu werden. Mit etwas mehr Beteiligung hätte ich ja schon gerechnet. Aber auch von AIDA ist niemand zu sehen - sollte ich mich heute Mittag doch vertan haben?

Aber dann kommt Bewegung in die Sache. Es gesellen sich noch zwei, drei Leute zu mir, die auch auf die Barkasse wollen, wie sich aus dem kurzen Gespräch ergibt. Und kurz darauf kommt auf der Barkasse, die an diesem Ponton liegt, ein bis dahin unsichtbarer Kapitän zum Vorschein (hat zumindest vier Streifen auf der Jacke) und fragt, ob wir zu der AIDA-Barkasse wollen. Also doch alles richtiggemacht.

Inzwischen ist auch jemand von AIDA aufgetaucht und so füllt sich die Barkasse im Lauf der nächsten Stunde mit 15 Fotografen (hätten wir pünktlich um 19.00 Uhr abgelegt, wären wir nur zu viert gewesen), von denen diejenigen, die als letzte das Schiff erreicht haben, gut durchgeschwitzt sind. Von daher Vorschlag an AIDA für die nächste Taufe: eine kleine Karte von Google Maps in die Einladung einbinden und einen Pfeil an die richtige Stelle setzen - und alles wird für alle Beteiligten stressfreier.

Jetzt gibt's aber erst mal eine Fritz Cola (und die schmeckt erstaunlich gut) und dann geht's los. Wir fahren zunächst einmal beide AIDA-Schiffe an und haben damit Gelegenheit, diese vom Wasser aus an ihren jeweiligen Liegeplätzen sowie die AIDAprima auch auf ihrem Weg durch den Hafen zu fotografieren.

Die Stimmung an Bord ist sehr gut, man lernt viele nette Leute kennen, die belegten Brötchen schmecken gut und das eine oder andere nette Foto entsteht auch.

Schwieriger wird es allerdings, als die Taufe dann näher rückt. Die AIDAprima dreht vor dem Kreuzfahrtterminal in der Hafencity, die AIDAaura setzt sich rückwärts aus Altona davor. Und wir fahren hinter der Aura hier. Bis zur Absperrung - die Elbe wird jetzt nämlich hinter der AIDAprima und vor der AIDAaura, die hintereinander an den Landungsbrücken Aufstellung genommen haben, voll gesperrt.

Und von dieser behördlichen Auflage gab es wohl auch keine Ausnahmen. Und so liegen wir zwar direkt an der Absperrung vor der Aura, können die Prima dahinter aber eigentlich nur erahnen, geschweige denn fotografieren. Das war jetzt zugegebenermaßen etwas anders gedacht und kommt auch nicht so richtig gut an an Bord. Von daher gibt es die Taufe der AIDAprima nur am iPhone im Livestream zu sehen ...

Besser wird unsere Ausgangsposition dann aber beim anschließenden Feuerwerk. Da hat sich AIDA wahrlich nicht lumpen lassen und den einen oder anderen Tausender in die Luft geballert. Und dafür ist unsere Position in der Tat nicht so schlecht - das eine oder andere nette Foto vom Feuerwerk mit der AIDAaura im Vordergrund lässt sich so schon machen.

Von daher ist das alles in allem ein schöner Abend auf der Barkasse gewesen - ich habe einige schöne Bilder auf der Speicherkarte und nette Menschen kennengelernt. Das Wetter war auch optimal (wie sagte unser Kapitän: „Die Hamburger Regenwolken müsst Ihr jetzt halt mit Photoshop einfügen.“) - von daher hat sich das alles durchaus gelohnt. Und den eigentlichen Taufakt kann ich mir zu Hause auch in Ruhe auf YouTube oder in der Mediathek anschauen.

Schwieriger wird jetzt allerdings der Weg ins Hotel - die Idee haben hier jetzt nämlich viele. Und auch wenn der HVV die Station „Baumwall“ m.E. sehr gut organisiert hat („Einbahnstraßenverkehr“, d.h. Ein- und Ausgänge getrennt, es werden nur eine bestimmte Anzahl an Personen auf den Bahnsteig gelassen, jede Tür der U-Bahn ist mit einem Mitarbeiter gesichert, der vor der Abfahrt ein Signal gibt) wollen diese Menschenmassen erst einmal in die U-Bahn verfrachtet werden - insbesondere, da die meisten Bahnen, die ja von den Landungsbrücken kommen, schon randvoll sind, bevor sie hier anhalten.

Und somit dauert das jetzt doch. Hier wäre es sinnvoller gewesen, mit einem Taxi zu fahren (die tatsächlich in ausreichender Zahl dastanden) oder notfalls sogar die halbe Stunde zu laufen. Allerdings gibt es jetzt kein „Zurück“ mehr ... ich stehe in der Masse und komme dort weder vorwärts noch rückwärts wieder heraus. Der einzige Ausweg ist der in die U-Bahn ...

Womit weiterhin Warten angesagt ist. Hier würden sich jetzt mal die „U-Bahn-Stopfer“ aus Tokio anbieten, die so eine U-Bahn auch tatsächlich voll bekommen. Hier kann ja jeder noch ohne Hilfsmittel atmen, da ist also schon noch Platz ... ;-)

Aber eine knappe Stunde später komme auch ich dann am Hauptbahnhof an, von wo ich direkt ins Hotel gehe, noch ein Hefeweizen an der Hotelbar trinke und danach noch schnell ein paar ausgewählte Bilder auf Facebook poste bevor ich dann final ins Bett falle.

8. Mai 2016

Wieder zu Hause

Der Abreisetag ist gekommen. Ich werde um 8.00 Uhr unsanft geweckt - mein iPhone rappelt vor sich hin. Und da mein Zug bereits um 9.24 Uhr fährt (gebucht hatte ich eigentlich für 10.24 Uhr, allerdings hat die Bahn die Verspätung aufgrund der Streckensperrung zwischen Hamburg und Hannover vorn angehängt und damit nicht die Ankunftszeit um eine Stunde nach hinten, sondern die Abfahrtzeit um eine Stunde nach vorn verschoben). Und das Ganze natürlich für sich behalten - dass ich das mitbekommen habe, ist in der Tat ein absoluter Zufall gewesen (ich hatte da zufällig ein Gespräch an Bord mitbekommen). Liebe Bahn, da geht noch was ...

Ich frühstücke daher noch eine Kleinigkeit, checke aus und gehe über die Straße zum Bahnhof. Mein Sitzplatz ist natürlich in dem Wagen, der am weitesten weg steht und der Bahnsteig ist voll. Fehlt jetzt nur noch, dass ich nach Ankunft im Abschnitt „A“ erfahre, dass der heute eine „umgekehrte Wagenreihung“ hat und ich nach „G“

laufen muss ... aber unser Zug scheint einer der wenigen zu sein, die richtig herum geparkt waren.

Im Zug passiert dann natürlich das Unvermeidliche: mein Sitzplatz wird gerade besetzt. Von einem Herrn, der sich sicher ist, diesen reserviert zu haben. Nun, das bin ich auch - also nehmen wir die Tickets zu Hilfe. Und in der Tat - wir haben beide eine Reservierung für den gleichen Platz. Allerdings nicht im gleichen Zug. Bei mir stimmt die Zugnummer, bei ihm die Uhrzeit. Im Gegensatz zu mir hat er das mit der Vorverlegung nicht mitbekommen, so dass ich im richtigen Zug bin (allerdings zur falschen Zeit) und er zwar zeitlich korrekt eingestiegen ist, sein Zug aber eigentlich schon vor einer Stunde gefahren ist.

Als Quartettspieler sind wir uns aber einig: „Zugnummer“ sticht „Abfahrtszeit“ - und so sitze ich jetzt auf meinem Sitzplatz, während er die Fahrt wohl im Bordbistro verbringt, da der Zug randvoll ist.

Wie ursprünglich gebucht kommen wir dafür relativ pünktlich gegen 14.00 Uhr am Hauptbahnhof in Frankfurt an; jetzt muss ich nur noch mit dem Taxi zu meinem Auto fahren, das in der Tiefgarage meines Arbeitgebers steht, um dann eine knappe Stunde später wohlbehalten zu Hause anzukommen.

Mehrere Hundert Bilder und knapp hundert DIN A4-Seiten Text warten jetzt darauf, bearbeitet, redigiert und online gestellt zu werden - und dann ist dieser Urlaub, der in Teilen aber auch eine „Arbeitsreise“ war, endgültig vorbei.

AIDAprima - Deck für Deck

In den zwei Wochen auf der AIDAprima habe ich die Möglichkeit gehabt, das neue Flaggschiff der AIDA-Flotte ausführlich kennen zu lernen, ich habe das neue Konzept in Bezug auf Entertainment und Restaurants erlebt, drei unterschiedliche Kabinen bewohnt, die Kinderkrankheiten mitbekommen, an denen alles Neue erst einmal leidet - und mit vielen Mitpassagieren gesprochen und somit auch deren Eindrücke mitbekommen. Und - last but not least - konnte man ja den sozialen Medien, allen Voran Facebook, auch das eine oder andere Meinungsbild entnehmen.

Vieles von dem, was ich so erlebt habe, konnte man ja dem Reisebericht schon entnehmen - dort ist es aber natürlich nicht wirklich sortiert und geordnet, sondern, je nachdem, wann und in welcher Situation ich etwas mitbekommen habe, im Bericht „verstreut".

Von daher habe ich mich entschlossen, zum Abschluss noch einmal einen kleinen Schiffsrundgang zu machen, in dem ich alle

Bereiche in aller Ausführlichkeit vorstelle und - soweit möglich - auch den einen oder anderen Tipp gebe, auf was man hier achten muss.

Meine ursprüngliche Planung, dies nach Themengebieten zu machen (Restaurants, Bars, Entertainment, ...) habe ich jedoch zu Gunsten der deckweisen Darstellung aufgegeben - vielfach wäre die Zuordnung einfach nicht eindeutig gewesen. Von daher nehme ich den interessierten Leser nun mit auf einen Spaziergang auf AIDAprima - beginnend auf Deck 3, dem untersten Passagierdeck des Schiffes.

AIDAprima - Deck 3

Bikingstation / Tauchstation

Diese beiden Bereiche sind eigentlich selbsterklärend - hier wird die Ausrüstung der Biker und Taucher gelagert und vor entsprechenden Ausflügen an die Teilnehmer ausgegeben. Von daher handelt es sich hierbei nicht um Orte, die man ständig aufsucht, sondern nur um die Ausgabestellen, zu denen man im Rahmen eines Ausflugs zur Materialausgabe gebeten wird.

Gangway

Je nach Gezeitenstand in den einzelnen Häfen kann es sein, dass Deck 3 der Ort ist, den man beim Betreten des Schiffes zuerst sieht - denn sowohl auf Deck 3 als auch auf Deck 6 befinden sich die Zutrittspunkte auf das Schiff, die Gangway. Und - wenn die Programmierung funktioniert - muss man noch nicht einmal auf die Durchsagen hören, wo sich die Gangway aktuell befindet. Denn: in den Aufzügen befindet sich eine mit „GW - Gangway Deck“ beschriebene Taste, die den Aufzug im richtigen Deck zum Halten bringen soll.

Hospital

Das Hospital auf AIDAprima wird da schon eher mal benötigt. Wie auf den anderen Schiffen auch ist das Hospital hier mit zwei Schiffsärzten mit entsprechender Fortbildung zum Notfallmediziner sowie mehreren Krankenschwestern besetzt, die im Rahmen der Sprechstunden morgens und abends bzw. bei Notfällen auch zu den restlichen Zeiten für die kleineren und größeren Wehwehchen zur Verfügung stehen.

Das Hospital ist dabei so ausgestattet, dass auch bei lebensbedrohlichen Notfällen eine vernünftige Erstversorgung erfolgen kann - hierfür steht auf der AIDAprima auch eine spezielle Notrufnummer (☎ 3000) rund um die Uhr zur Verfügung. Und in diesen Zusammenhang passt auch der Hinweis, dass auf dem kompletten Schiff unzählige Defibrillatoren (AED) in den öffentlichen Bereichen vorhanden sind, so dass im Bedarfsfall auch schnelle Hilfe durch Ersthelfer ermöglicht wird.

Neben Erkältungskrankheiten und Magen-/Darmleiden ist das Thema „Seekrankheit" im

Übrigen eines der Hauptaufgabengebiete des Hospitals. Wenn die an der Rezeption kostenfrei ausgegebenen homöopathischen Mittel ihren Dienst versagen, ist das Hospital gefragt - und das war an dem „Seegangs-Seetag“ daher auch durchgängig besetzt.

Konferenzraum

Wie auch auf den anderen Schiffen gibt es auch auf der AIDAprima einen Konferenzraum, der für Tagungen und Meetings gemietet werden kann. Neben Tischen und Stühlen befindet sich hier auch die notwendige Medientechnik, die man in einem Konferenzraum erwarten würde.

Pier 3 Market

Als Weiterentwicklung der Pier 3 Bar auf den Schiffen der Sphinx-Klasse kann man übrigens den Pier 3 Market ansehen. Dieser hat in der Regel von 7.00-22.00 Uhr geöffnet und beinhaltet - neben dem normalen Barbetrieb - auch einen kleinen Foodmarket. So kann man hier u.a. Schokolade, Chips und ähnliche Knabbereien erwerben oder auch Getränke in Flaschen (zum Mitnehmen). Für beides stehen außerhalb des Pier 3 Market übrigens auch Automaten zur Verfügung.

Interessant ist aber in jedem Fall die Tatsache, dass es hier auch kleine Snacks wie belegte Baguettes, Sandwiches und Wraps aber auch Croissants gibt, die - man höre und staune - kostenfrei verfügbar sind. Mit Hilfe von kleinen Transportboxen aus Pappe („Doggy Bags") können diese dann auch mit auf die Kabine genommen (beispielsweise zum Frühstück) oder - sofern die Landesvorschriften das zulassen - für den Tagesausflug eingepackt werden.

Darüber hinaus kann man hier auch eine Kaffee-/Espressomaschinen für die Kabine ausleihen (19,90 € pro Woche inkl. zwölf Kaffee-/Espressokapseln, die Buchung ist bereits im Vorfeld unter MyAIDA möglich) sowie weitere Kapseln („Brasile" oder „Espresso") zum Stückpreis von 1 € nachkaufen.

Bei den Maschinen handelt es sich übrigens um den Typ „Espresso 1" von Segafredo (Detailinfos unter

https://www.segafredosystem.com/de/produkte/systeme/espresso-kaffeemaschinen/espresso-1-de.html?variant_option=5).

AIDAprima - Deck 4

Ausflug Counter

Einer der Ausflug-Counter an Bord (weitere befinden sich auf den Decks 7 und 8) ist im Bereich der Rezeption zu finden. Hier kann man sich wie gewohnt zu den einzelnen Ausflügen beraten lassen und (Um)buchungen vornehmen. Aufgrund der etwas „versteckten" Lage im Schiff ist dieser gefühlt nicht so überlaufen wie die anderen Counter auf den oberen Decks.

Reiseservice

Der Reiseservice ist - wie bei den anderen Schiffen ja auch - im direkten Umfeld der Rezeption angesiedelt und in der Regel abends für zwei Stunden geöffnet. Hier können alle Dinge geregelt werden, die die An- und Abreise betreffen, also beispielsweise Tickets für die Shuttlebusse zum Hauptbahnhof (5 €) oder zum Flughafen Hamburg (15 €) gekauft oder Parktickets für den Parkplatz am Cruise Terminal Steinwerder abgeholt werden, die im Vorfeld über MyAIDA gebucht wurden (99 €). Wer sein Gepäck mittels TEFRA nach

Hause transportieren lassen möchte, kann das hier genauso buchen (44,90 € je Gepäckstück) wie einen Tagesaufenthalt für den Abreisetag (kostet 23 € ab 16 Jahren, für Kinder ist dieser kostenfrei).

<u>Rezeption</u>

Die Rezeption ist gefühlt der am meisten besuchte Bereich an Bord - zumindest auf den ersten Reisen. Sie ist wie üblich rund um die Uhr besetzt, telefonisch unter der Rufnummer ☎ 5000 erreichbar und ist für alles zuständig, für was sich kein anderer zuständig fühlt ;-)

Neben der Zuständigkeit für Reklamationen aller Art, den Wechsel von Währungen (auf der Metropolenroute betrifft das ja nur das englische Pfund), die Begleichung der Bordrechnung bekommt man hier auf alle seine Fragen eine Antwort. Zumindest ist das der Plan. Nicht vergessen sollte man in diesem Zusammenhang aber auch, dass insbesondere in den Anfangswochen auf einem neuen Schiff auch mal etwas nicht funktioniert - und die Mitarbeiterinnen und Mitarbeiter an der Rezeption diejenigen sind, die dafür am allerwenigsten können, dennoch aber von vielen Passagieren für alles verantwortlich gemacht werden („Dafür sind Sie doch da!"). Ich könnte mir vorstellen, dass man hier auch mal für ein freundliches Wort dankbar wäre ...

Im Rezeptionsbereich finden sich im Übrigen noch einige Internetterminals mit Drucker, zwei Bildschirme für die Nutzung des Bordportals sowie zwei Stationen, an denen man die ec- oder Kreditkarte für die Zahlung der Bordrechnung registrieren kann, sofern man dies nicht bereits im Vorfeld über MyAIDA vorgenommen hat. Auch kann man an diesen Stationen seine Bordrechnung auf Knopfdruck ausdrucken - eine automatische Verteilung auf die Kabinen findet auch auf der AIDAprima nicht statt.

Wer seiner Bordrechnung bar bezahlen möchte, kann dies entweder am Abreiseabend oder -morgen an der Rezeption tun - nach einem Blick auf die Warteschlangen wäre das zumindest für mich aber keine wirkliche Option.

Waschsalon

Auf der AIDAprima gibt es zwei Waschsalons, einmal steuerbords und einmal auf der Backbordseite gelegen. Diese sind jeweils mit sechs Waschmaschinen und sechs Trocknern ausgestattet, die von den Passagieren selbständig genutzt werden können. Zwei fest installierte

Bügelbretter mit Bügeleisen stehen ebenfalls in jedem der beiden Räume zur Verfügung.

Der Preis für das Waschen und Trocknen beträgt jeweils 2 €, Waschmittel steht aktuell noch zur freien Verfügung, wird in einem nächsten Schritt jedoch automatisiert beim Waschvorgang zugeführt werden.

AIDAprima - Deck 6

AIDA Plaza

Ganz neu auf AIDAprima ist der „Plaza“, der sich im vorderen Bereich auf Deck 6 und Deck 7 erstreckt. Ähnlich einem Einkaufszentrum gestaltet, finden sich hier auf Deck 6 der Juwelier und der Travel-Shop sowie zwei Snackbars. Und reichlich Platz für eine breite Showtreppe (die auch für eine der Welcome Partys genutzt wird) sowie vereinzelte Auftritte von „Straßenkünstlern“ aus dem Entertainment Team.

Und man kann hier fast immer einen „Pepper“ antreffen. Kennt Ihr nicht? Nun, „Pepper“ ist die Bezeichnung für die fünf Roboter an Bord, die den Passagieren Fragen beantworten, Buchungen vornehmen oder diese einfach unterhalten sollen. Dazu sind sie in der Lage, Gesprochenes zu verstehen und sie sollen sogar Gestik und Mimik erkennen (und richtig deuten).

In jedem Fall sind sie mit ihren Kulleraugen, die mal blau und mal grün leuchten, nett anzusehen. Und sie sind natürlich auch ein bisschen

Publikumsmagnet, wobei die „Generation Z“ (also die zweite Generation der „digital natives“) deutlich weniger Berührungsängste hat als etwa die Damen und Herren, für die ein Fernseher einfach nur ein Fernseher und kein Smart-TV ist.

Die Bedienung ist simpel - das geht wie bei Siri am iPhone: einfach ansprechen. Und wenn alles klappt, versteht Pepper auch, was man will und gibt bereitwillig Auskunft. Oder auch nicht - je nachdem, was man denn gerade so von ihm gewollt hat. Ein mehr oder weniger unfreiwillig belauschtes Gespräch zwischen drei Jugendlichen zu Beginn der Pubertät und Pepper führte jedenfalls nicht dazu, dass Pepper auf die Wünsche der Kids eingegangen ist ... ;-)

Von daher ist das aktuell eine nette Spielerei, die durchaus aber funktioniert. Und wenn man das ernsthaft angeht, sollte es in der Tat möglich sein, über Pepper eine Restaurantreservierung vorzunehmen - vorausgesetzt, das Reservierungssystem an sich funktioniert dann einmal.

Bella Donna Restaurant

Kurzübersicht:

- Restauranttyp: *Buffetrestaurant*
- Kulinarisches Thema: *Italienisch*
- Speisen: *inklusive*
- Getränke: *inklusive*

Kommen wir zum ersten Restaurant auf unserem Deckrundgang - dem Bella Donna, einem der fünf Buffetrestaurants an Bord. Der Name ist ja nicht neu - auf AIDAdiva, AIDAbella und AIDAluna finden wir das auch schon - allerdings wird hier an Bord der Schwerpunkt auf italienische Speisen gelegt: Antipasti, Pasta, Schinken und Desserts sowie Klassiker aus allen Regionen Italiens sind hier zu finden. Wer auf der Suche nach Pizza ist, ist hier allerdings die falsch - die findet man im Restaurant „Fuego" auf Deck 14.

Zwei Genießerzeiten (18.00-19.30 Uhr und 20.00-21.30 Uhr) sollen für eine entsprechende Verteilung der Gäste sorgen.

Die Speisen und Getränke (Tischwein, Bier, Softgetränke) sind allesamt im Reisepreis inkludiert, Kaffeespezialitäten und hochwertigere Weine können an entsprechenden Automaten mittels der Bordkarte erworben werden.

Casa Nova

Kurzübersicht:

- Restauranttyp: *Spezialitätenrestaurant*
- Kulinarisches Thema: *Venezianisch*
- Speisen: *inklusive*
- Getränke: *gegen Aufpreis*

Im Spezialitäten-Restaurant „Ristorante Casa Nova“ werden venezianische Speisen am Platz serviert - frei nach dem Motto: „Genießen Sie wie in einem Palazzo am Canale Grande“. Hier finden sich Spezialitäten der venezianischen Küche wie Rindercarpaccio, Büffelmozzarella, frische Pasta oder Scampi auf der Speisekarte, die allesamt am Platz serviert werden. Das Lieblingsmenü ist dabei sowohl vom Umfang als auch der Speisenfolge frei gestaltbar.

Wie auch in den anderen beiden Spezialitäten-Restaurants sind die Speisen allesamt im Reisepreis inkludiert, die Getränke werden berechnet. Aufgrund der begrenzten Kapazitäten ist es jedoch sinnvoll, im Vorfeld eine Platzreservierung (entweder schon von zu Hause über MyAIDA bzw. mittels App oder direkt an Bord im Bordportal oder am Restauranteingang) vorzunehmen.

Speisekarte:

Antipasti (Vorspeisen)

- *Klassisches Rindercarpaccio*
- *Büffelmozzarella mit Tomate und Pesto*

Zuppe (Suppe)

- *Venezianische Minestrone mit feiner Pasta*
- *Venusmuschelsuppe nach Art der Terraferma*

Insalata (Salat)

- *Salat „Canale Grande" - Kopfsalat mit eingelegten Zwiebeln und Thunfisch*

Paste e risotto (Nudeln und Risotto)

- *Rigatoni mit gegrillter Salami*
- *Tintenfisch-Risotto mit gegrilltem Gemüse*
- *Scampi a la Busera mit Spaghetti*
- *Tortelli mit getrockneten Tomaten und Mozzarella*
- *Ravioli mit 5-Käse-Füllung*

Secondi (Hauptgang)

- *Langsam gegarten Schweinerücken mit Thymiankartoffeln, Schmorkohl und Apfelchutney*
- *Kalbsleber auf venezianische Art mit cremiger Polenta*
- *Kabeljau in aromatischer Tomatensauce mit gebackenem Fenchel und schwarzem Risotto*
- *Vegetarisches Chili*

Dolci (Dessert)

- *Venezianischer Tiramisu*
- *Schokoladensalami mit Sahne*
- *Mit Vanille Ricottacréme gefüllte Knusperröllchen*
- *Eiscreme nach Wahl*

Casino

Das Casino ist auf der AIDAprima zu einer rein elektronischen Variante geworden - so wie es nach den Werftaufenthalten jetzt sukzessive auch auf den anderen Schiffen umgerüstet wird. Das schränkt die Casinoatmosphäre natürlich erheblich ein - „elektronisches Roulette“ kann ich in der „Casino App“ auf dem Tablet ja genauso spielen.

Neben den elektronischen Tischen für Roulette und Blackjack finden sich hier aber auch noch zahlreiche Spielautomaten aller Art, man kann Rubbellose zu unterschiedlichen Preisen (und mit unterschiedlichen Gewinnsummen) erwerben und erhält hier auch die Bingolose für das regelmäßig stattfindende „Super-Gold-Bingo“ im Theatrium (das ist allerdings nicht das beliebte AIDA-Aktiv-Bingo - das habe ich hier an Bord übrigens nicht gefunden).

Wie bereits erwähnt, kann man über das Bordportal auch auf eine „Casino App“ zugreifen (keine Internetverbindung notwendig), in der man verschiedene elektronische Glücksspiele, u.a. auch Roulette und Blackjack, spielen kann. Hierzu wird in der App Guthaben vom Bordkonto transferiert, das dann zum Spielen verwendet werden kann. Ist am Ende noch etwas übrig oder ist es sogar mehr geworden, so kann man sich das vorhandene Guthaben im Casino in bar auszahlen lassen (das sollte man dann aber spätestens am letzten Abend an Bord machen). Und dann noch ein kleiner Tipp: wer sich bei der Casino App anmeldet, bekommt ein Startguthaben von 10 € geschenkt - das ist zwar nicht direkt auszahlbar, mit ein bisschen Glück (oder Taktik) kann man es aber vermehren bzw.

umwandeln ... und der Gewinn ist dann natürlich auszahlbar. Das sollte man daher mitnehmen.

Casino Bar

Die Casino Bar befindet sich zwischen Theatrium und Casino.

Diskothek D6

Neu auf AIDAprima - und damit der „Ersatz“ für die Anytime-Disco - ist die Diskothek „D6“, die sich direkt im Bug befindet. Damit verbunden allerdings ohne Außenbereich oder der Möglichkeit, zwischendurch mal nach draußen zu gehen. Hierzu muss man das D6 verlassen, kann dann aber nach wenigen Metern in den Raucherbereich im Freien gelangen.

Im Gegensatz zur Anytime Bar ist das D6 verwinkelter und hat mehrere abgeteilte Nischen. Das D6 wurde mit über 500 „LED-Kreisen“ bestückt, die einzeln ansteuerbar sind und damit immer die richtigen passenden farblichen Akzente ermöglichen.

Der Zutritt ist auf Basis des Jugendschutzgesetzes analog den anderen Schiffen geregelt: um 23.00 Uhr müssen unter 16-jährige das D6 verlassen und um Mitternacht dann auch alle anderen, die noch minderjährig sind. Ausgenommen hiervon sind alle Kinder und Jugendlichen, die sich in Begleitung ihrer Eltern oder anderweitig sorgeberechtigter Personen (Stichwort: „Muttizettel“) befinden.

East Restaurant

Kurzübersicht:

- Restauranttyp: *Buffetrestaurant*
- Kulinarisches Thema: *Asiatisch*
- Speisen: *inklusive*
- Getränke: *inklusive*

Das nächste Buffetrestaurant auf unserem Weg ist das „East Restaurant“, das bereits von den Schiffen der Sphinx-II-Klasse bekannt ist. Allerdings wurde das Konzept für die AIDAprima völlig überarbeitet. Es gibt hier zwar nach wie vor asiatische Küche, allerdings wurde diese um zwei Neuigkeiten erweitert: den Tappanyaki-Grill und die Suppenstation. An beiden Stationen kann man sich die gewünschten frischen Zutaten aussuchen (Rinderfiletstreifen, Schweinenacken, Hähnchenbrust, Garnelen, Tintenfisch, Lachs, Bambus,

Paprika, ...), diese auf dem Grill zubereiten und dann mit Reis bzw. in der Suppe servieren lassen.

Wartezeiten treten hierbei kaum auf - analog zur Burgerstation im Fuego oder dem California Grill auf den anderen AIDA-Schiffen kommen auch hier die blinkenden und vibrierenden Pager zum Einsatz.

Im Gegensatz zu den anderen Buffetrestaurants, deren Öffnungszeiten in zwei Genießerzeiten aufgeteilt sind, hat das East Restaurant i.d.R. von 18.30 - 21.30 Uhr durchgehend geöffnet.

Die Speisen und Getränke (Tischwein, Bier, Softgetränke) sind auch hier allesamt im Reisepreis inkludiert, Kaffeespezialitäten und hochwertigere Weine können an entsprechenden Automaten mittels der Bordkarte erworben werden.

Fotostudio

Im Fotostudio gibt es zum einen die Möglichkeit, Portraits anfertigen zu lassen, zum anderen kann man auch Kameras und natürlich das passende Zubehör erwerben. Die aus früheren Zeiten bekannten Bilderwände, an denen man seine eigenen Landgangsbilder umständlich heraussuchen musste, sind hier komplett den

Fotostationen gewichen, an denen man sich alle Fotos auf dem Bildschirm anschauen (auf Wunsch auch mittels - relativ gut funktionierender - Gesichtserkennung) und direkt online bestellen kann. Am nächsten Tag sind die Bilder dann an der Fototheke auf Deck 7 abholbereit.

Wichtiger Hinweis für Premium-Bucher: aktuell ist ein Foto im DIN A4-Format, das die Seekarte der aktuellen Route mit dem persönlichen Willkommensbild zeigt, Bestandteil des Premiumpakets. Um dieses zu erhalten, muss man sein eigenes Bild an einer der Fotostationen heraussuchen und zum Preis von 0,00 € (anstelle von 11,95 €) bestellen - man kann das Bild dann am nächsten Tag abholen und erhält aktuell auch noch eine Serie von Innenaufnahmen der AIDAprima kostenfrei dazu. Allerdings ändert sich das Geschenk für die Premiumbucher von Zeit zu Zeit - das Ganze muss also nicht unbegrenzt Gültigkeit haben oder kann sich durchaus auf den Folgerouten auch wieder ändern.

Freideck

Ein Freideck (mit Raucherbereich) befindet sich in Höhe des Theatriums - hier sind allerdings keinerlei Sitzgelegenheiten vorhanden, da es sich nur um einen knapp einen Meter breiten Gang unterhalb der Rettungsboote handelt (und der ist auch nur 1,80 Meter hoch).

Gangway

Je nach Gezeitenstand in den einzelnen Häfen kann es sein, dass Deck 6 der Ort ist, den man beim Betreten des Schiffes zuerst sieht - denn sowohl auf Deck 3 als auch auf Deck 6 befinden sich die Zutrittspunkte auf das Schiff, die Gangway. Und - wenn die Programmierung funktioniert - muss man noch nicht einmal auf die Durchsagen hören, wo sich die Gangway aktuell befindet. Denn: in den Aufzügen befindet sich eine mit „GW - Gangway Deck“ beschriebene Taste, die den Aufzug im richtigen Deck zum Halten bringt.

Juwelier

Einer der Shops auf dem AIDA Plaza ist der „Premium Juwelier“, der neben Schmuckartikeln bekannter Hersteller auch Uhren u.a. der Marken Skagen, Maurice Lacroix, TW Steel oder Tag Heuer anbietet - von daher kann man jetzt gern auch mal mehrere Tausend Euro an Bord lassen. Im Gegensatz zu den anderen Schiffen, bei dem der

Juwelier meist mit der Parfümerie gemeinsam in einem Shop untergebracht war, hat man diesen Bereich hier deutlich aufgewertet - sowohl von der Gestaltung als auch vom Angebot her.

Marktrestaurant

Kurzübersicht:

- Restauranttyp: *Buffetrestaurant*
- Kulinarisches Thema: *„Saisonale Frische“*
- Speisen: *inklusive*
- Getränke: *inklusive*

Das Marktrestaurant, praktisch das „Herzstück“ der Restaurants auf allen AIDA-Schiffen, darf natürlich auch auf der AIDAprima nicht fehlen. Unter dem Stichwort „saisonale Frische“ finden sich hier viel Obst und Gemüse, ein vegetarisches Buffet, die Schonkostbar sowie umfangreiche Schinken-, Käse- und Wurstspezialitäten.

Die Gestaltung des größten Restaurants an Bord ist dabei recht offen gehalten, die einzelnen Stände sind passend und einladend dekoriert. Zwei Genießerzeiten (18.00-19.30 Uhr und 20.00-21.30 Uhr) sollen auch hier für eine entsprechende Verteilung der Gäste sorgen.

Die Speisen und Getränke (Tischwein, Bier, Softgetränke) sind auch hier allesamt im Reisepreis inkludiert, Kaffeespezialitäten und hochwertigere Weine können an entsprechenden Automaten mittels der Bordkarte erworben werden.

Nightfly Bar

Bei der Nightfly Bar handelt es sich um einen neuen Bereich auf AIDAprima (auch wenn der Name auf den kleinen Schiffen schon mal Verwendung gefunden hat), in dem „Erwachsenenunterhaltung" geboten werden soll. Gern fallen in diesem Zusammenhang auch mal die Begriffe „Nachtclub", „Stange" und „frivol". Nun, alles das trifft es wohl irgendwie, wobei ich noch den Begriff „gemäßigt" nachschieben würde.

Die Bar ist recht „plüschig" gestaltet und themenbezogen in Rot-Tönen gehalten, allerdings lässt die Anordnung der Sessel nicht von jedem Platz einen freien Blick auf die Bühne zu. In jedem Fall muss man reservieren, wenn man den Abend in der Nightfly Bar verbringen möchte (wie gehabt entweder zu Hause über MyAIDA oder dann direkt an Bord) - und man erhält dabei auch einen Hinweis auf den „Mindestumsatz", der wohl bei 50 € je Kabine liegen soll. Die Angaben hierzu sind jedoch alle ein bisschen unterschiedlich (je nachdem, mit wem man spricht) - und man hört, dass es technisch aktuell auch noch nicht umsetzbar sei. Von daher empfiehlt es sich in diesem Zusammenhang, bei einer evtl. Reservierung auf die Hinweise zu achten bzw. direkt nachzufragen, ob und wie das aktuell gehandhabt wird.

Prima Bar

Die Prima Bar gibt es auf jedem Schiff, allerdings hat sie halt auf jedem Schiff einen anderen Namen. ;-) Auch hier befindet sie sich auf dem untersten „Theatrium-Deck", hier allerdings auf der anderen Seite des Schiffes. Die Bar ist mit mehreren Abtrennungen versehen, so dass relativ viele gegenüberliegende Plätze auf Barhockern vorhanden sind so dass man sich gut unterhalten kann. Alternativ kann man auch das Programm im Theatrium verfolgen, sei es live oder über einen der zahlreichen Monitore.

Scharfe Ecke

Kurzübersicht:

- Restauranttyp: *Snackbar*
- Kulinarisches Thema: *Currywurst*
- Speisen: *inklusive*
- Getränke: *gegen Aufpreis*

Auch das ist neu auf der AIDAprima: die „Scharfe Ecke“. Hierbei handelt es sich um eine Art Imbissstand, an der es nur ein Gericht gibt: Currywurst. Diese wird aus Bratwurst zubereitet und wahlweise mit Brötchen oder Pommes, natürlich in der typischen Currywurstschale (die hier aber aus Porzellan ist) serviert. Dazu gibt es natürlich die passende Currysauce und Currypulver, wobei man hierbei aus mehreren Schärfegraden wählen kann.

Die Currywurst ist kostenfrei (auch wenn zu Beginn der letzten Reise für wenige Stunden aus unbekannten Gründen mal 1,50 € berechnet wurde), die Öffnungszeiten sind der Lage an der Diskothek und der Nightfly Bar angepasst - in der Regel ab 18.00 Uhr bis 2.00 Uhr morgens.

Zusätzlich werden hier einige Flaschengetränke zum normalen Barpreis angeboten. Gegessen wird im Stehen oder an einigen Tischen mit Barhockern - Imbissbude halt.

Spray Bar

In Kooperation mit Moët & Chandon wird hier an Bord die „Spray Bar“, eine Champagnerbar am Bug des Schiffes, betrieben. Hier gibt es - man wird überrascht sein - im wesentlichen Champagner (und den natürlich von Moët & Chandon).

Die Bar ist ganz in Weiß gehalten (und wenn ich schreibe „ganz in Weiß“ dann meine ich auch „ganz in Weiß“). Hat optisch etwas von einem Operationssaal und sieht auch entsprechend steril aus. Muss man mögen. Mir würden aber auf Anhieb einige Leute (eigentlich nur Frauen) einfallen, die hier exakt reinpassen (und sich auch wohlfühlen) würden.

Die Besonderheit der Bar ist aber eigentlich nicht der Champagner - den bekomme ich ja notfalls auch woanders. Vielmehr liegt die Bar direkt in der Bugspitze auf Deck 6 und 7, so dass der kleine Freibereich auf Deck 7 in der Tat der Ort ist, der am weitesten vorn gelegen ist. Mehr nach vorne geht nicht - da ist dann schon das Wasser. Von daher ist die Aussicht von hier natürlich ein Traum - den erkauft man sich aber auch mit einer

Reservierung und einem Mindestumsatz von 20 € pro Person (was in etwa zwei Gläsern Champagner entspricht). Aber auch hier gilt: die Angaben dazu sind unterschiedlich und technisch ist es wohl auch hier (noch) nicht umsetzbar. Von daher empfiehlt es sich, bei Reservierung der Bar zu prüfen, wie die aktuelle Situation gerade ist.

Im Inneren führt von der eigentlichen Bar auf Deck 6 eine kleine Wendeltreppe nach oben auf Deck 7 - hier befinden sich dann die Türen nach draußen. Der Zutritt in die Spray Bar ist dabei nur durch die Nightfly Bar auf Deck 6 möglich - auf Deck 7 gibt es keine Türen (zumindest keine für Passagiere).

Tapas & Bar

Kurzübersicht:

- Restauranttyp: *Snackbar*
- Kulinarisches Thema: *Spanische Tapas*
- Speisen: *inklusive*
- Getränke: *gegen Aufpreis*

Die Neuerungen nehmen gar kein Ende ... auch „Tapas & Bar“ ist neu. Und aus meiner Sicht ein kleines Highlight - hier gibt es nämlich (der Name verrät es schon) spanische Tapas. Wer jetzt nicht genau weiß, was Tapas sind, dem sei mit einem Zitat aus Wikipedia geholfen: „Eine Tapa ist ein kleines Appetithäppchen, das in Tapas-Bars üblicherweise zu Wein, jedoch auch zu Bier, gereicht wird."

Und das Beste: auch die Tapas sind im Preis mit inkludiert, lediglich evtl. Getränke müssen bezahlt werden (wobei mir Mitreisende vereinzelt berichtet haben, dass Essensbestellungen nur in Verbindung mit einer Getränkebestellung aufgenommen worden wären - das kann ich allerdings nicht bestätigen und sollte meinem Verständnis nach so auch nicht sein).

Und was gibt es hier jetzt alles? Nun, schauen wir mal auf die Speisekarte:

Warme Tapas

- *Higado de ave con vinagre balsámico (Geflügelleber in Balsamico)*
- *Chipirones a la plancha (Gegrillte Tintenfische)*
- *Boquerones a la plancha (Gebackene Sardellen)*
- *Chorizo asado con rodajas de manzana y miel (Gebrate Chorizo mit Apfelspalten und Honig)*
- *Papas arrugadas con sal marina y alioli (Schrumpelkartoffeln mit Meersalz und Aioli)*

- *Tortilla española con salsa mojo (Spanische Tortilla mit Mojosauce)*
- *Dátiles con beicon (Datteln im Speckmantel)*
- *Circuelas pasas con beicon (Backpflaumen im Speckmantel)*
- *Albóndigas con salsa de tomate picante al jerez (Albondigas in scharfer Sherry-Tomatensauce)*
- *Brochetas de carne con mojo (Schweinefleischspieße in Mojosauce)*
- *Zarzuela (Spanisches Tomaten-Fischragout)*
- *Venduras a la brasa (Gegrilltes Gemüse)*

<u>Kalte Tapas</u>

- *Tres clases de aceitunas (Oliven 3erlei)*
- *Jamón serano con alcaparras (Serano Schinken mit Kapernbeeren)*
- *Chorizo Ibérico (Chorizo)*
- *Salchión español Fuetec (Spanische Salami)*
- *Queso manchego al romero con mostaza de higos (Rosmarin Manchego Käse mit Feigensenf)*
- *Ensalada de marisco (Meeresfrüchtesalat)*
- *Tomates secos (Getrocknete Tomaten)*
- *Rollitos de beicon con queso fresco (Speckrouladen mit Frischkäse)*
- *Setas marinadas (Eingelegte Pilze)*
- *Pimientos marinados (Eingelegte Paprika)*

- *Berenjenas y calabacines marinados (Eingelegte Auberginen und Zucchini)*
- *Alioli (Aioli)*
- *Mojo (Mojosauce)*
- *Sobrasada de Mallorca (Paprika Streichwurst)*

Tapas & Bar befindet sich neben der Scharfen Ecke, ebenfalls auf dem AIDA Plaza, zwischen Diskothek D6 und Nightfly Bar und hat in der Regel von 18.00 Uhr bis Mitternacht geöffnet.

Theatrium

Das Theatrium befindet sich auf AIDAprima auf den Decks 6-8 (anstelle der Decks 9-11 auf den Schiffen der Sphinx-Klasse), ist ähnlich gestaltet, wurde aber zum einen der Schiffsgröße und damit der Passagierzahl angepasst (angabegemäß sollen hier weit mehr als 1.000 Personen Platz finden) und auch technisch weiterentwickelt.

Die Bühne mit ihrem Satelliten bietet mehr Möglichkeiten als bisher, die LED-Wand, die bislang aus sechs Teilen bestand, wurde um drei Elemente erweitert und ist nun nicht nur horizontal verschiebbar, sondern kann auch vertikal bewegt und um eine weitere LED-Wand erweitert werden. Zusätzlich gibt es an der Decke einen knapp eine

Tonne schweren, drehbaren „LED-Ball“, der ebenfalls nach unten bewegt werden und in die Handlung einbezogen werden kann.

Die Aufzüge für die Artisten wurden erweitert, so dass auch für entsprechende Darbietungen mehr Möglichkeiten bestehen. Und natürlich wurde die Lichtanlage inklusive der Laser erneuert und erweitert. Für die Zuschauer gibt es jetzt übrigens auch auf dem untersten Deck Rückenlehnen (man hat uns erhört).

Der rückwärtige Bereich zu den Bars ist weiterhin sehr offen gestaltet, allerdings befinden sich zwischen den Bars und den Sitzen im Theatrium jetzt teilweise Sitzgruppen mit Sesseln. Und je nachdem, ob dort jemand sitzt, der mehr an der Aufführung interessiert ist oder mehr an seinem Getränk, kann es hier schon mal zu lautstarken Gesprächen kommen, die es erschweren, dem Geschehen im Theatrium zu folgen. Das ist dann halt der Nachteil der offenen Bauweise gegenüber einem geschlossenen Theater - von daher sollte man versuchen, die hinteren Reihen in Barnähe eher zu meiden, wenn man den Darbietungen konzentriert lauschen will.

Travel Shop

Der Travel Shop ist eines der Geschäfte, die sich auf dem AIDA Plaza befinden. Hier findet man alles das, was man für unterwegs so braucht oder abends auf der Kabine gern mal knabbern würde (Chips, Schokolade, ...) aber eben auch Reisezubehör, AIDA-Schlüsselbänder oder kleine Mitbringsel. Und- für den einen oder anderen vermutlich nicht ganz unwichtig: Zigaretten.

AIDAprima - Deck 7

AIDA Plaza

Auf der Deck 7 befindet sich die obere Hälfte des AIDA Plaza - hier befinden sich das dem Organic Spa zugehörige „Nail Spa“ und der Friseur sowie die restlichen Geschäfte (AIDA-Shop, Blütenmeer, Kids Shop, Parfümerie, Schatzkiste und der Sport-Shop) sowie der Magnum Pleasure Store.

AIDA Shop

Der AIDA-Shop ist das „Herzstück“ der Shoppingmeile - hier findet sich alles das, was keinen speziellen Shop gefunden hat. Also erst einmal Bekleidung (ob mit oder ohne AIDA-Logo) und Schuhe, aber auch alle anderen „Logo-Artikel“ (in der „Schatzkiste“) sowie Mitbringsel und Reiseerinnerungen.

Ausflugscounter

Die beiden Ausflugscounter auf Deck 7 befinden sich direkt vor dem Theatrium; während der Öffnungszeiten beraten die Scouts hier persönlich, außerhalb kann man die Terminals - wie auf den anderen Schiffen auch - zur Selbstbuchung von Ausflügen nutzen (wobei das hier an Bord ja auch über das Bordportal auf allen Infoschirmen auf dem Schiff geht). Und für Suitenbewohner steht natürlich auch der Concierge in der AIDA Lounge hierfür zur Verfügung.

Neu auf AIDAprima ist in diesem Zusammenhang übrigens „Scout TV" - neben den Ausflugspräsentationen, die es nach wie vor im Theatrium gibt, gibt es zusätzlich eine weitere Präsentation der Ausflüge und Häfen im Bord-TV in Dauerschleife auf Kanal 2 - immer für den jeweils nächsten Hafen. Hier werden die einzelnen Ausflugsziele und die zugehörigen Ausflüge vorgestellt, aber auch Informationen zu den einzelnen Häfen gegeben.

Bibliothek

Auf AIDAprima ist die Bordbibliothek - analog zu AIDAaura und AIDAvita - in die Hemmingway Lounge integriert. Und diese befindet sich, mit bequemen Sofas ausgestattet in einer Ecke des Theatriums. Womit sich der größte Nachteil von selbst ergibt: im Gegensatz zu den Hemmingway Lounges auf den kleinen Schiffen, bei denen es sich um einen abgeschlossenen „Leseraum“ handelt, ist auf diesem Schiff hier natürlich immer Trubel.

Blütenmeer

Das kennt man von den Schiffen der Sphinx-Klasse - und da hat sich auch nichts geändert. Hier gibt es Blumenschmuck und -gestecke, die „Immer-frischen“ Belarosa-Rosen, die AIDA-Badeenten sowie den Fleurop-Service für den raschen Blumengruß nach Hause (oder umgekehrt).

Body & Soul Sport

Der Sportbereich auch AIDAprima ist hier komplett in grün gehalten, beinhaltet einen großen Kursraum, mehrere Power Plates und eine Vielzahl an Kraft- und Ausdauergeräten. Neu an Bord ist u.a. der „Milon-Zirkel“, ein Trainingsprogramm, bei dem sich Kraft- und Ausdauertraining in einer Art Zirkeltraining abwechseln und das auch an Land in immer mehr Fitnessstudios zu finden ist.

Im Gegensatz zum Sportbereich auf den anderen Schiffen gibt es allerdings eine wesentliche Neuerung: aufgrund seiner Lage im vorderen Bereich des Schiffes (direkt hinter der Spray Bar) und auf einem der unteren Decks besteht kaum noch die Möglichkeit, mit Blick aufs Meer zu trainieren. Vereinzelt gibt es einige schmale Fenster (machen eher den Eindruck von „Schießscharten"), die meisten Geräte stehen aber im Innenbereich des Sportbereichs. Irgendwie schade - der Marathonlauf mit Blick aufs Meer hatte schon was ...

Hier an Bord muss man sich daher mit den Bildschirmen begnügen, die in die Geräte integriert sind und Lauftrainings in den Metropolen der Welt simulieren - OK, einmal durch den Central Park zu laufen ist auch nicht schlecht - aber trotz allem halt noch virtuell ...

Natürlich gibt es auch weiterhin über den ganzen Tag verteilte Sportkurse, die bei Interesse direkt im Sportbereich zu buchen sind.

Brasserie French Kiss

Kurzübersicht:

- Restauranttyp: *Spezialitätenrestaurant*
- Kulinarisches Thema: *Französisch*
- Speisen: *inklusive*
- Getränke: *gegen Aufpreis*

In der „Brasserie French Kiss" werden französische Speisen am Platz serviert - frei nach dem Motto: „Raffiniert französisch“. Hier finden sich Spezialitäten der französischen Küche wie Bouillabaisse, Tartar und Entenrillette auf der Speisekarte, aber auch belegte Baguettes und frische Croissants.

Wie auch in den anderen beiden Spezialitäten-Restaurants sind die Speisen allesamt im Reisepreis inkludiert, die Getränke werden berechnet. Aufgrund der begrenzten Kapazitäten ist es jedoch auch hier sinnvoll, im Vorfeld eine Platzreservierung (entweder schon von zu Hause über MyAIDA bzw. mittels App oder direkt an Bord im Bordportal oder am Restauranteingang) vorzunehmen.

Speisekarte:

Entrées (Vorspeisen)

- *Beef-Tartar nach Art des Chefs*
- *Entenrillette mit Brotchips*
- *Französische Vorspeisenvariation*

Soupe (Suppen)

- *Bouillabaisse à la provençale (Fischeintopf)*
- *Kleiner Pariser Suppentopf*

Salade (Salat)

- *Nizza Salat - Blattsalat mit Thunfisch und Zwiebeln*

Nouilles (Pasta)

- *Mit Lachs gefüllte Tortelli an Artischocken und Limonenrahm*

Plats de poissons (Hauptgerichte mit Fisch)

- *Gebratene Scampi in Pastiscreme mit Meersalz-Brioche*
- *Gebratenes Doradenfilet mit geschmolzenen Tomaten und Mandeln*
- *Gegrilltes Lachsfilet mit Safransauce und Kräutermantel*

Plats de viandes (Hauptgerichte mit Fleisch)

- *In Rotwein geschmorte Rinderhesse mit Ofengemüse und Kartoffelstampf*
- *Perlhuhnbrust mit Artischocken*
- *Lammkoteletts nach Pariser Art*

Plats végétarians (Vegetarische Gerichte)

- *Frische Gnocchi mit Zwiebelconfit und französischem Hartkäse*

Desserts et pâtisseries françaises (Süßspeisen)

- *Vrème brulée*
- *Mousse au chocolat*
- *Macarons (Pistazie, Himbeer, Schokolade, Kaffee, Vanille, Zitrone)*
- *Zitronentarte*
- *Apfelkuchen*
- *Gebäck-Kringel mit Haselnusskrokant-Buttercreme*
- *Schokoladenküchlein*
- *Gefüllter Brandteigkrapfen*
- *Brandteiggebäck mit Hagelzucker*
- *Kleine oder große Käseauswahl mit Feigensenf und Trauben*
- *Pralinés nach Angebot (gegen Aufpreis)*

Ergänzend hierzu gibt es im French Kiss frisch belegte Baguettes oder Sandwiches auf Bestellung wie z.B. das klassische Käse-Schinken-Baguette, Baguettes mit Hühnchen oder Lachs.

Und während es zur Kaffee- und Kuchenzeit an den Bars lediglich Muffins oder kleine Kuchenstückchen gibt, findet man im French Kiss die leckersten Kuchen an Bord - und diese ebenfalls kostenfrei. Ein echter Geheimtipp!

Brauhaus

Kurzübersicht:

- Restauranttyp: *Spezialitätenrestaurant*
- Kulinarisches Thema: *„Herzhafte Schmankerln"*
- Speisen: *inklusive*
- Getränke: *gegen Aufpreis*

Das Brauhaus entspricht in Ausstattung und Angebot i.w. dem Brauhaus auf den Schiffen der Sphinx-II-Klasse, ist aber der Schiffsgröße entsprechend hier deutlich größer ausgefallen. Beibehalten wurde die Bühne und die Möglichkeit, Sportsendungen mittels Videobeamer zu übertragen.

Die Holzbänke im Brauhaus sind hier übrigens mit bequemen Polsterauflagen bezogen, die nur während der Partys entfernt werden, da zu diesen Zeiten tendenziell ja auch mal auf den Bänken gestanden wird.

Wie auch in den anderen beiden Spezialitäten-Restaurants sind die Speisen allesamt im Reisepreis inkludiert, die Getränke werden berechnet. Platzreservierungen sind zwar möglich (entweder schon von zu Hause über MyAIDA bzw. mittels

App oder direkt an Bord im Bordportal oder am Restauranteingang), sind m.E. hier aber nicht notwendig. Ich habe zumindest jederzeit einen freien Platz finden können.

Speisekarte:

Mittagskarte

- *Salat vom Buffet*
- *Deftiger Rindergulasch mit Makkaroni*
- *½ Hähnchen mit fruchtig-scharfer Sauce und Pommes frites*
- *Pasta mit Tomatensauce*
- *Bratwurst mit Karotten und Kartoffelpüree (für Kids und Teens)*
- *Hausgemachte Rote Grütze mit Vanilleeis und Sahne*
- *Apfelkompott mit eingelegten Rumrosinen und Vanilleeis*

Brauhaus Klassiker

- *Brauhausente mit dem exklusivem AIDA-Grillentengewürz zubereitet, dazu Rotkohl und Knödel*
- *Schnitzel nach Brauer Art mit lauwarmem Kartoffel-Gurken-Salat*

- *Deftige Brauhaus-Brotzeit (uriges Brotzeitbrett mit Bauerngeräuchertem, Metzgerschinken, Presssack, kaltem Braten, Leberkäse, Hausmacher Leberwurst, Bergkäse, Weißbier-Obazda, Essiggurken und Butter)*
- *Knusprige Schweinshaxe mit Sauerkraut, Biersauce und Semmelknödel*
- *Kalbsrahmgulasch mit Nudeln*

„Für Nachwuchskapitäne“

- *Kleines Schnitzel mit buntem Gemüse und Pommes frites*
- *Kleine Bratwurst mit Karotten und Kartoffelpüree*
- *Kartoffelpuffer mit Apfelmus*

Für Suppenfans

- *Rinderkraftbrühe mit Pfannkuchenstreifen*
- *Kartoffelsuppe mit Majoran und Kasseler*

Vorspeisen und Salate

- *Wurstsalat mit oder ohne Käse und mit Brotkorb*
- *Bayerischer Obazda und Schmalz, serviert mit ofenfrischem Laugengebäck*
- *Salat vom Buffet*

Fleischlos glücklich

- *Käsespätzle mit eingelegten Rumrosinen*

Fruchtige Desserts

- *Hausgemachte Rote Grütze mit Vanilleeis und Sahne*
- *Apfelkompott mit eingelegten Rumrosinen*

„Brauhausprofis“ wird es aufgefallen sein - die „Brauhauspfanne“, zumindest für mich das Highlight dieses Restaurants, wird auf der AIDAprima aktuell nicht mehr angeboten.

Café Mare

Das Café Mare, auf den anderen Schiffen vor dem Buffalo Steakhouse gelegen, ist jetzt an eine etwas prominentere Position gerückt und direkt im Theatrium zu finden. Neben den Kaffeespezialitäten gibt es aber auch hier die üblichen Bargetränke und nachmittags Kuchen bzw. Gebäck.

Fotoshop

Während auf Deck 6 das Fotostudio (hier gibt es Kameras und Zubehör) angesiedelt ist, befindet sich der Fotoshop auf Deck 7 - hier kann man Fotos nachbestellen und die an den Fotokiosken bestellten Bilder während der Öffnungszeiten abholen. Außerdem kann man hier professionell erstellte Schiffsfotos, Panoramabilder und Fotos der angefahrenen Lokationen erwerben.

Friseur

Das ist eigentlich selbsterklärend ... ein Friseursalon halt.

Kids Shop

In diesem dem AIDA-Shop angegliederten Bereich findet sich alles das, was für Kids geeignet ist. Von Kleidung bis zu Spielsachen ist hier alles zu finden, was Kinder (bzw. deren Eltern) glücklich macht.

Kochstudio

„Kochstudio by Tim Mälzer“ - das ist eine weitere Kooperation, die AIDA auf der Prima eingegangen ist. Und damit Kochbegeisterten die Möglichkeit gibt, unter fachkundiger Anleitung und mit modernster Ausstattung nicht nur die leckersten Gerichte gemeinsam zu kochen, sondern im Anschluss auch gemeinsam zu verzehren.

Und wie man hört, macht das wohl mindestens genauso viel Spaß wie ein Cocktailworkshop - auch wenn Tim Mälzer meistens nicht dabei ist ;-)

Im Übigen kann man das Kochstudio auch für Feiern im Familienkreis oder sonstige Veranstaltungen mieten.

Kunstgalerie

Die Kunstgalerie ist vergleichbar mit den inzwischen auf allen anderen Schiffen ebenfalls eingerichteten Kunstgalerien. Diese wird von einem Galeristen betreut, der während der Reise auch regelmäßig Kunstauktionen durchführt. Die Kunstwerke können an Bord aber natürlich auch so gekauft werden, der Transport wird dann auf Wunsch von AIDA an die Heimatadresse durchgeführt.

Lanai Bar

Einer meiner Lieblingsorte an Bord ist die Lanai Bar - eine Bar, die den kompletten Heckbereich von AIDAprima auf Deck 7 umfasst. Ausgestattet mit Barhockern und Sitzgelegenheiten aber auch vielen Sofas, die mit Blick auf die Heckwelle angeordnet sind, erinnert sie ein bisschen an die

Ocean Bar auf AIDAvita und AIDAaura. Natürlich anders dimensioniert, aber dennoch der Platz der Wahl für den Cocktail nach dem Abendessen.

Der Barbereich ist mit Heizstrahlern ausgestattet, so dass man auch bei etwas kühlerer Witterung direkt an der Bar sitzen kann. Für die anderen Sitzplätze muss man im Winter in diesem Fahrtgebiet aber dann wohl doch eher auf Wintermantel und Decke zurückgreifen.

Am schnellsten erreicht man die Lanaibar übrigens durch den Außenbereich des Weite Welt Restaurants oder mit den außenliegenden verglasten Panoramaaufzügen, die von Deck 7 bis Deck 15 fahren und direkt in der Lanaibar enden.

Magnum Pleasure Store

Einmalig auf einem Kreuzfahrtschiff ist der in Kooperation mit Langnese betriebene „Magnum Pleasure Store". Nun, eine „Eisdiele" an Bord ist jetzt ja nichts so Ungewöhnliches - einer aber, an dem man sich sein „eigenes Magnum" kreieren kann, schon eher.

Wie funktioniert das? Die Basis ist ein normales Magnum, dem man zunächst den passenden Schokoladenüberzug zukommen lässt. In flüssige

Schokolade getunkt, erhält das Eis dann zunächst die Ummantelung. Danach kommen die Toppings - aus mehr als 15 Möglichkeiten wie Krokant, Schokoraspeln, Nüssen, bunten Perlen und vielem „Süßkram" mehr lässt sich ein vollkommen individuelles Eis erstellen, das danach in einem Pappschälchen serviert wird.

Das Eis ist dabei allerdings nicht im Reisepreis enthalten - je Magnum werden 3,50 € fällig.

Und wer einfach nur so ein Eis essen will - auch das ist kein Problem. Hier gibt es Eisbällchen in sechs verschiedenen Sorten- für 1 € das Stück.

Nail Spa

Auch wenn ein „Nail Spa" als eigenständiger „Shop" an Bord neu ist, gab es auch bisher schon die Möglichkeit der Maniküre - hier jetzt jedoch in einem eigenen Shop auf Deck 7 angesiedelt.

Parfümerie

Weiter geht's im Shop-Bereich. Zwischen „Nail Spa" und „Friseur" gelegen, findet sich in der Parfümerie alles das, was man dort erwarten würde. Natürlich sind dort alle führenden Marken - für Sie und für Ihn - vertreten.

Reiseberater

Die Reiseberater an Bord haben auf AIDAprima endlich eine Heimat gefunden und sind nicht nur mit ihren Schreibtischen irgendwo platziert, wo gerade Platz war ;-)

In einem abgeschirmten Bereich auf der Plaza auf Deck 7 findet jetzt das hauseigene Reisebüro Platz, so dass der Buchung der kommenden AIDA-Reise(n) nichts mehr im Wege steht.

Schatzkiste

Auch die „Schatzkiste" ist ein Shop im Shop - und zwar ist sie Bestandteil des AIDA-Shops. Hier findet man alle Logo-Artikel wie Tassen, Taschen, Handtücher, Schiffsmodelle und vieles mehr.

Sport Shop

Neu auf AIDAprima ist ein weiterer Shop - der „Sport Shop". Und strategisch günstig gelegen findet sich dieser direkt neben dem Sportbereich, so dass man hier die Gelegenheit hat, fehlendes Ausrüstungsmaterial, sowohl in Bezug auf Funktions- oder Sportbekleidung, und Sportschuhe, aber auch aus dem Bereich des

Zubehörs (Brillen, Fitnesstracker, Pulsmesser usw.) zu erwerben.

Sporttouren

Die auf den anderen Schiffen getrennten Schalter für Biking, Tauchen und den Golfsport hat man hier zu einem gemeinsamen Counter zusammengefasst (wobei m.W. außer Biking auf AIDAprima keine anderen Aktivitäten angeboten werden) - und dieser befindet sich ebenfalls, thematisch passend, in der Nähe des Sportbereichs an Bord.

Theatrium

Ergänzend zu den Informationen, die zum Theatrium auf Deck 6 bereits erwähnt wurden, muss man hier noch auf eine Besonderheit bei den Sitzplätzen eingehen. Hier hat man nämlich u.a. eine Art Rondelle eingebaut, in denen man im Halbkreis sitzen kann. Allerdings ist aufgrund des nicht höhenversetzen Einbaus ein Blick auf die Bühne von hier aus nicht möglich - dies hat man zwar dadurch „entschärft", in dem man in diesen Rondellen kleinere oder auch größere LED-Bildschirme montiert hat. Ob dies von vornherein so geplant war oder ob man damit eine

Fehlkonstruktion bereinigen wollte, lässt sich nicht sicher sagen - diese Plätze sind daher allerdings eher suboptimal.

TV-Regie

Das ehemalige „TV Studio" heißt jetzt „TV Regie" und befindet sich - mit Glasscheiben zum Zugucken - ebenfalls auf Deck 7. Von hier aus wird alles gesteuert, was auf einem der Bordfernseher zu sehen ist - sei es die Liveübertragung aus dem Theatrium auf Kanal 1 oder „Scout TV", „Land in Sicht" bzw. der jeweilige Reisefilm.

Weite Welt

Kurzübersicht:

- Restauranttyp: *Buffetrestaurant*
- Kulinarisches Thema: *Länder-Themenabende*
- Speisen: *inklusive*
- Getränke: *inklusive*

Das Weite Welt Restaurant ist das Buffetrestaurant, mit dem abwechslungsreichsten Angebot, da hier die sog. „Länder-Themenabende" angeboten werden, in deren Rahmen landestypische Gerichte angeboten werden.

Auf der Metropolentour handelt es sich dabei - passend zu den jeweils besuchten Ländern - um Norddeutschland, Großbritannien, Frankreich, Belgien und die Niederlande. An den Seetagen hat man sich für Spanien (1. Seetag) und USA (2. Seetag) entschieden.

Die Gestaltung des Restaurants ist dabei recht offen gehalten, die einzelnen Stände sind passend dekoriert. Auch hier werden die Desserts ansprechend in Portionsgläsern serviert. Zwei Genießerzeiten (18.30-20.00 Uhr und 20.30-22.00 Uhr) sollen auch hier für eine entsprechende Verteilung der Gäste sorgen.

Die Speisen und Getränke (Tischwein, Bier, Softgetränke) sind auch hier allesamt im Reisepreis inkludiert, Kaffeespezialitäten und hochwertigere Weine können an entsprechenden Automaten mittels der Bordkarte erworben werden.

Zen Lounge

Meditation, Entspannung oder auch vereinzelte Workshops - das findet in der Zen Lounge statt.

AIDAprima - Deck 8

AIDA Lounge

Die „AIDA Lounge" ist eine absolute Neuerung, die es so aktuell auf keinem anderen Schiff der Flotte (mehr) gibt. Wer die alte AIDAblu noch kennt und auf dieser mal eine (Junior)suite gebucht hatte, weiß, von was ich spreche - allen anderen erkläre ich das jetzt ;-)

Die „AIDA Lounge" steht exklusiv den Gästen den Suiten an Bord zur Verfügung, sie befindet sich hinter der „Sunset Bar" auf Deck 8. Die Tür lässt sich nur mittels der Bordkarte öffnen, so dass der Zutritt darüber entsprechend reglementiert wird.

In der Lounge befindet sich auch der Schreibtisch des Concierge, der für Buchungs-, Reservierungs- und Ausflugswünsche der Suitengäste zuständig ist und auch sonst Ansprechpartner für Wünsche aller Art ist - also fast so eine Art „Privat-Rezeption".

Neben einer Vielzahl von Sitzgelegenheiten stehen tagsüber in der Lounge Softdrinks, Wein und Sekt zur Verfügung; Kaffeespezialitäten kann man sich an einem WMF-Automaten in der Lounge zubereiten lassen. Für den kleinen Hunger zwischendurch stehen hier ständig wechselnde Baguettes, Sandwiches und Croissants zur Verfügung, ergänzt durch einen großen Obstkorb.

Die AIDA Lounge hat darüber hinaus noch einen eigenen Außenbereich, der mit entsprechendem Loungemobiliar ausgestattet ist und so die Gelegenheit bietet, in ruhiger Atmosphäre bei einem Getränk und einem Snack zu entspannen.

Zugegeben, die AIDA Lounge ist mir während meiner Suitenbelegung durchaus ans Herz gewachsen und zwischendurch immer wieder mal mein Rückzugsort gewesen - sei es nur auf einen Cappu oder auch als „Ship Office“ bzw. als ruhiger Platz zum Schreiben dieser Zeilen.

Ausflug Counter

Ein weiterer Ausflugscounter befindet sich auf Deck 8 vor der Sunset Bar.

Buffalo Steak House

Kurzübersicht:

- Restauranttyp: *A-la-carte Restaurant*
- Kulinarisches Thema: *Grillspezialitäten*
- Speisen: *gegen Aufpreis*
- Getränke: *gegen Aufpreis*

Wer das Buffalo Steak House auf dem Schiffen der Sphinx-Klasse kennt, kennt auch das Buffalo Steak House auf der AIDAprima - sowohl die Ausstattung als auch das Angebot, hochwertiges Fleisch erstklassisch zubereitet, sind identisch zu den anderen Schiffen.

Allerdings hat das Buffalo Steak House auf der AIDAprima endlich einen Außenbereich erhalten, d.h. bei passendem Wetter steht dem Fleischgenuss im Freien nichts im Wege. Leider hat man auf fest installierte Grillstationen im Außenbereich verzichtet - hier hätte ich mir ein BBQ analog zur Mein Schiff 4 durchaus auch gut vorstellen können.

Die Bewohner der Suiten an Bord erhalten ihr Frühstück auf Wunsch übrigens im Buffalo Steak House serviert - und das auf Wunsch auch mit dem Minutensteak, dass den Passagieren mit Clubstufe

Gold im French Kiss jetzt nicht mehr angeboten wird.

Lanaideck

Das Lanaideck ist ebenfalls eine Neuerung der AIDAprima. Im Gegensatz zu den anderen Schiffen, bei denen das umlaufende Deck (Deck 5 bzw. Deck 6) eigentlich nur für das Aufstellen von Stühlen geeignet ist und aufgrund der darüber befindlichen Rettungsboote und Kabinen fast immer im Schatten liegt, ist das Lanaideck, das sich auf beiden Seiten des Schiffes im hinteren Bereich befindet, durchaus als Sonnendeck zu bezeichnen.

Die darüber befindlichen Kabinen sind allesamt zurückgesetzt, so dass das Deck der Sonneneinstrahlung ausgesetzt ist - zumindest die Seite, auf der die Sonne jeweils scheint. Auf dem Deck befinden sich Liegen, Stühle und Strandkörbe sowie auf jeder Seite zwei Infinity-Pools, die mit einer Glasscheibe direkt mit der Reling abschließen und jeweils eine Dusche.

Direkt an das Lanaideck grenzen die Veranden der Lanaikabinen an, so dass auf diesen ebenfalls mit Sonne zu rechnen ist (was in den darüber liegenden Balkonkabinen auf Deck 9-14 bauartbedingt nicht unbedingt der Fall sein muss). Nachteil dieser

Bauweise ist jedoch, dass groß gewachsene Leute vom Lanaideck aus in die Kabine schauen könnten (bzw. abends bei eingeschalteter Beleuchtung der Einblick auch durch die Verandascheibe relativ problemlos möglich ist) und man auf seiner Veranda wie auf dem Präsentierteller liegt. Wobei die Situation auf den Liegen auf dem Lanaideck selbst ja nicht unbedingt anders ist.

Organic Spa

Der über 3.000 Quadratmeter große Bereich des neuen Organic Spa besteht aus dem neu gestalteten Saunabereich, der Wellness Oase, einem großen Ruheraum, den Behandlungsräumen sowie zwei privaten Wellness Suiten. Der Zugang erfolgt über einen zentralen Eingang, der direkt an der Spa Rezeption vorbeiführt.

Die Öffnungszeiten wurden gegenüber den bisherigen Saunabereichen bzw. der Wellness Oase ausgedehnt - der Bereich ist täglich von 7 Uhr bis Mitternacht geöffnet. Der Zutritt ist jedoch nur möglich, wenn man eine Tages- oder Wochenkarte für den Bereich erworben hat (zu 29 €/Tag bzw. 99 €/Woche)- entweder im Vorfeld über MyAIDA oder direkt an der Spa-Rezeption. Allerdings erhalten aktuell pro Tag maximal 115 Passagiere

Zutritt, so dass viele, die nicht im Vorfeld über MyAIDA reserviert haben, keine Möglichkeit haben, den Bereich zu besuchen.

Für die Zukunft ist wohl angedacht, das Tagesticket mit drei verschiedenen „Zeittickets“ abzulösen, die dann entweder vormittags, nachmittags oder am Abend Gültigkeit haben.

Darüber hinaus ist der Zutritt grundsätzlich erst ab 16 Jahren erlaubt, was zumindest im Saunabereich eine Neuerung darstellt, die - wie ich aus mehreren Gesprächen weiß - insbesondere von Familien nicht wirklich mit Freude aufgenommen wird.

Schauen wir uns jetzt aber die einzelnen Bereiche einmal näher an:

Der Saunabereich besteht aus fünf verschiedenen Saunen: einer Kelosauna, einer finnischen Sauna, einer Kräutersauna, einer Biosauna sowie einem Dampfbad. Hinzu kommen Fußbäder, eine Duschanlage sowie erstmals ein Außenbereich mit Ruhemöglichkeiten, Strandkörben und zwei Whirlpools.

Leider ist der auf Deck 8 gelegene Außenbereich von den Balkonen auf allen darüber liegenden Decks einsehbar, so dass die Nutzung ohne Bekleidung - was für einen Saunaaußenbereich ja die Regel darstellt - zumindest schwierig ist. Meine Erfahrung aus den vergangenen zwei Wochen ist da gespalten - einige nehmen ihre Badebekleidung mit und legen diese nach dem Saunieren und vor dem Betreten des Außenbereichs an, andere verzichten darauf. Im Prinzip entspricht das dem „Clothing optional“, das von verschiedenen Thermen in Deutschland inzwischen ja auch praktiziert wird (jeder zieht an, was er will - oder auch nicht). Allerdings gab es wohl auch vereinzelt Beschwerden von Balkonnutzern auf den oberen Decks, die mit dem Anblick nackter Menschen nicht wirklich einverstanden waren. Hier wird abzuwarten sein, ob und wie sich das einspielt und ob AIDA in Bezug auf die AIDAperla hier noch Anpassungen vornehmen wird.

In der finnischen Sauna und der Kelosauna finden abwechselnd ganztägig im Halbstundentakt Aufgüsse statt, wobei die verwendeten Aromen regelmäßig wechseln. Aufgrund der Zugangsbeschränkungen sind die Aufgüsse natürlich bei weitem nicht mehr so besucht wie dies auf den anderen Schiffen der Fall ist - ich habe Aufgüsse zu verschiedenen Zeiten über den Tag verteilt besucht, mich aber in keinem Fall mit mehr als zehn Personen in der Sauna befunden. Teilweise war ich sogar allein bzw. nur mit zwei, drei anderen

Passagieren beim Aufguss. Natürlich ist dies nicht verwunderlich, da ein spontaner Saunagang nach einem Ausflug oder nach dem Sport im Gegensatz zu den anderen Schiffen hier schlichtweg nicht möglich ist - obwohl es kapazitätsmäßig vielfach kein Problem wäre, da sich ja nicht alle 115 Karteninhaber gleichzeitig im Organic Spa aufhalten und auch bei weitem nicht alle den Saunabereich nutzen.

Von daher kann der wohl angedachte Versuch, anstelle der Tageskarten Karten für den Vormittag, den Nachmittag und den Abend anzubieten, in dieser Sache vielleicht für Entspannung sorgen. Rein technisch müsste es m.E. auch machbar sein, den Saunabereich mit einer separaten Zugangsberechtigung auszustatten und den Zutritt dann auf Basis der tatsächlichen Auslastung (unabhängig von der Wellness Oase) zu steuern - ich denke, dass in diesem Bereich noch Anpassungen erfolgen werden.

Ach ja, abschließend stellt sich für mich noch die Frage, warum die Scheiben der Saunen von außen nicht verspiegelt sind. Das kenne ich zwar inzwischen auch von der „Mein Schiff 3“ und der „Mein Schiff 4“ - Stand der Technik ist es aber meines Wissens nach wie vor nicht, dass man von außen in eine Sauna hineinschauen kann.

Die gegenüberliegende Wellness Oase besteht im Wesentlichen aus einer Ansammlung vieler Liegen, einem Innenwhirlpool, einem Tepidarium (hier stehen fünf Wärmeliegen zur Verfügung), einer Tee- und Obstbar sowie ebenfalls einem Außenbereich, der analog zum Saunaaußenbereich gestaltet ist.

Von der Gestaltung her gefällt mir die Wellness Oase auf den Schiffen der Sphinx-Klasse im Übrigen deutlich besser. Die Gestaltung mit Palmen, dem zentralen Whirlpool, der Erlebnisdusche und den Ruhenischen kommt einer Oase deutlich näher als der eher nüchtern gestaltete große Raum, der eigentlich nur ein großer Ruheraum ist.

Bleiben noch die beiden „Wellness Suiten", die für 299 € für vier Stunden für ein bis vier Personen gemietet werden können. Hier können Massagen (kostenpflichtig) hinzugebucht werden, man kann ein Wasserbett, eine Whirlwanne und eine private Sauna nutzen und hat auch hier einen privaten Außenbereich (der allerdings auch einsehbar ist) zur Verfügung.

Rossini

Kurzübersicht:

- Restauranttyp: *A-la-carte Restaurant*
- Kulinarisches Thema: *„Gourmet-Küche"*
- Speisen: *gegen Aufpreis*
- Getränke: *gegen Aufpreis*

Das Rossini ist das Gourmet-Restaurant auf Sterneniveau an Bord, in dem täglich wechselnde Menüs (3- bis 11-Gang) serviert werden. Darüber hinaus kann aus einer Tageskarte auch à la carte gewählt werden.

Im Rossini wird mit marktfrischen Zutaten gekocht, da das Rossini das einzige Restaurant an Bord ist, für das der Küchenchef vor Ort einkaufen kann.

Suitengäste werden am Anreisetag zu einem 3-Gang-Menü ins Rossini eingeladen, das gegen Aufpreis aber auch auf upgegradet werden kann.

Wie in den anderen A-la-carte Restaurants auch, ist eine vorherige Reservierung Pflicht, ein spontaner Besuch wird in der Regel nur bei einer kurzfristigen Absage möglich sein.

Sunset Bar

Die Sunset-Bar befindet sich im hinteren Bereich des Theatriums. Neben den üblichen Bargetränken werden hier zur Kaffeezeit auch Muffins oder kleine Kuchenstücke kostenlos angeboten.

Sushi Bar

Kurzübersicht:

- Restauranttyp: *A-la-carte Restaurant*
- Kulinarisches Thema: *Japanisch*
- Speisen: *gegen Aufpreis*
- Getränke: *gegen Aufpreis*

Die Sushi-Bar ist auf der AIDAprima wieder als eigenständiges Restaurant angelegt und nicht mehr Bestandteil des East Restaurants wie auf den Schiffen der Sphinx-II-Klasse. Sie befindet sich im Durchgang vom Theatrium zum Rossini und bietet - nomen est omen - Sushi-Variationen an.

Die Karte ist hierbei identisch zu den anderen Schiffen und beinhaltet eine Auswahl an Nigiri, Maki, Sashimi, dazu Miso-Suppe, zwei Sorten Salat sowie ein süßes Sushi als Dessert.

Normalerweise ist an der Sushi-Bar auf den anderen Schiffen auch kurzfristig immer ein Platz zu bekommen gewesen - hier auf der AIDAprima wäre ohne Reservierung im Vorfeld nichts gegangen. Ggf. macht sich hier die höhere Passagierzahl oder die prominentere Lage bemerkbar.

Theatrium

Auf Deck 8 befindet sich der oberste Zuschauerrang des Theatriums, wobei man - aufgrund der Höhe - hier nicht von allen Plätzen eine optimale Sicht auf die Bühne hat.

Vinothek

Die Vinothek befindet sich vor dem Buffalo Steakhouse, besitzt einen schön gestalteten Sitzbereich und bietet eine Auswahl erlesener Weine, natürlich gegen entsprechenden Aufpreis.

AIDAprima - Deck 14

Bar „5. Element"

Die Bar „5. Element" ist in den Activity-Bereich „Four Elements" integriert und bietet die üblichen Bargetränke (lagebedingt in Plastikbechern) an. Direkt von der Bar aus kann man in den Außenbereich am Heck gehen; hier befinden sich eine Anzahl von Tischen und Stühlen.

Four Elements

Das „Four Elements" ist der Aktivitätsbereich für die ganze Familie an Bord. Er erstreckt sich über drei Decks (Deck 14 - 16), ist mit einem auffahrbaren Dach ausgestattet und beinhaltet u.a. einen Spielbereich für Babys, einen eigenen Babypool (kann mit Schwimmwindeln genutzt werden), den Lazy River (ein „Fluss", der u.a. mit Gummireifen befahren werden kann), ein Strömungsbecken, die LED-Wand mit Tribüne, das Familien-Restaurant „Fuego" und natürlich den Klettergarten.

Im Four Elements befindet sich eine Rezeption, an der Spiele ausgeliehen werden können, an der man die Minigolfschläger und Shuffleboardstöcke erhält und wo man zukünftig auch die Möglichkeit haben wird, ein wasserfestes RFID-Armband zu erhalten, das dann auf dem Schiff die Bordkarte ersetzen kann - als Kabinenschlüssel, als Zahlungsmittel und beispielsweise auch als Schrankschlüssel für Wertfächer und Spinde in den Umkleidebereichen. Das Verfahren wird aktuell getestet und ab einer der kommenden Reisen eingeführt werden.

Fuego

Kurzübersicht:

- Restauranttyp: *Buffetrestaurant*
- Kulinarisches Thema: *Burger, Pizza & Co.*
- Speisen: *inklusive*
- Getränke: *inklusive*

Das Fuego Restaurant ist eine Neuerung auf AIDAprima, die es in dieser Form bislang noch auf keinem Schiff der Flotte gibt. Es handelt sich hierbei um ein Familienrestaurant, in dem sowohl Burger und Pizza als in Buffetform auch andere „kindgerechte“ Speisen angeboten werden.

Hierzu ist ein Teil des Buffets abgesenkt, so dass auch jüngere Kinder ihr Essen allein vom Buffet holen können.

Die Bierzapfstation ist im Fuego mit einem Kartenleser versehen - nicht um das Bier über das Bordkonto zu berechnen, sondern zur Altersprüfung. Außerdem ist die Bierzapfstation mit einer Automatik versehen, die auch ungeübten Zapfern zu einem vernünftigen Bier verhilft (und wenn man sieht, was da mancher an der Zapfstation so treibt, sollte das auch in den anderen Restaurants den Zapfhahn ersetzen).

Die Burger- und Pizzastation ist dabei natürlich zugegebenermaßen nicht ganz neu - „Pizzeria Mare“ und der „California Grill“ lassen grüßen. Und auch die Pager, die die Fertigstellung des Burgers signalisieren, sind wieder mit an Bord.

Das Restaurant befindet sich als einziges nicht auf Deck 6 und 7 sondern direkt beim „Four Elements“ auf Deck 14 - passt thematisch natürlich auch gut hierher.

Interessant sind übrigens die Öffnungszeiten des Fuego. In der Regel hat das Fuego von 7 - 11 Uhr zum Frühstück, von 12 - 15 Uhr zum Mittagessen, von 15 - 17 Uhr zu Kaffee und Kuchen und von

18 Uhr bis Mitternacht für das Abendessen geöffnet. Und aktuell ist zu allen diesen Zeiten die Getränkestation für Softdrinks geöffnet, so dass viele ihren Getränkekonsum auf das Fuego verlegt haben.

Leider ist damit auch ein Nachteil verbunden: viele Passagiere nehmen die Getränke aus dem Fuego mit in das Four Elements - mit dem Ergebnis, dass sich dort nicht mehr die Plastikbecher aus der im Four Elements integrierten Bar „5. Element" befinden, sondern die Gläser aus dem Fuego. Es dürfte eine Frage der Zeit sein, bis die ersten Glasscherben die eine oder andere Schnittwunde nach sich ziehen - aus gutem Grund sind in Schwimmbädern üblicherweise Glasflaschen und Gläser verboten.

Kids Club

Der Kids-Club ist der Bereich, in dem die Betreuung der Kinder von 3 bis 12 Jahren erfolgt. Er besteht aus einem Spielzimmer mit Piratenschiff, einer kleinen Bühne sowie einem separaten Bastelraum. Der Kids Club ist üblicherweise von 8 bis 21 Uhr geöffnet.

LED Wand

Die obligatorische LED-Wand, die auf der AIDAprima zum einen für Sportübertragungen aber auch für Kinoabende genutzt wird, befindet sich im Four Elements gegenüber einer kleinen Tribüne.

Mini Club

Neu auf AIDA ist der Mini Club, der die zeitweise Betreuung der allerkleinsten Passagiere von sechs Monaten bis zu drei Jahren anbietet. Diese ist - anders als die Betreuung im Kids- bzw. Teens Club - nicht im Reisepreis enthalten, ist aber natürlich auch deutlich aufwändiger.

Der Mini Club ist zu unterschiedlichen Zeiten geöffnet und in verschiedene Betreuungsstufen unterteilt - so gibt es eine Eltern-Kind-Zeit, es gibt Eingewöhnungs- und Betreuungszeiten.

Der Min Club besteht ebenfalls aus einem großen Spielzimmer, aber auch aus einem kleinen Wickel- und Ruheraum. Und einer Toilettenanlage, die der Größe der „Minis“ angepasst ist.

In jedem Fall ist eine vorherige Anmeldung am Counter am Eingang zum Miniclub erforderlich.

AIDAprima - Deck 15

AIDA Bar

Sie darf natürlich auf keiner AIDA fehlen - die sternförmige AIDA-Bar. Und so findet man sie logischerweise auch auf der AIDAprima. Prominent platziert in einer Ecke des Beach Club steht sie von morgens bis spät in die Nacht zur Verfügung. Neben der Bar selbst finden sich auch viele Sitzgruppen und auch Bartische entlang der Außenseite des Beach Club, so dass man hier jederzeit ein Plätzchen in karibischer Wärme finden sollte.

Beach Club

Der Beach Club ist das „Herzstück" des Konzeptes des „Ganzjahresschiffs". Unter dem Foliendom des Beach Clubs, der im Übrigen UV-durchlässig ist und damit auch Sonnenbräune (aber auch einen Sonnenbrand) zulässt, herrschen ganzjährig Temperaturen von 25 - 27 Grad, so dass man auch im tiefsten Winter karibisches Feeling unter Palmen in Shorts und mit Flip-Flops genießen kann.

Und sollte es im Sommer bei Sonnenschein doch einmal zu warm werden, dann lassen sich an den Außenseiten große Tore und im Dach eine kleine Abluftöffnung öffnen, so dass durch den Kamineffekt sehr schnell Abkühlung und Luftaustausch erfolgt.

Der Beach Club besteht dabei aus zwei Ebenen auf Deck 15 und 16, wobei sich auf Deck 15 neben der AIDA Bar auch eine Handtuchstation (auf der AIDAprima ohne Pfandberechnung), ein relativ großer Pool mit zugehörigem Außenbecken, Sitzgruppen und Liegestühle sowie eine Bühne befinden, auf der abends regelmäßig eine Liveband auftritt.

Und während tagsüber karibisches Strandfeeling simuliert wird, wandelt sich der Beach Club abends zur Party Location, an der jeden Abend eine Beach Party, jeweils unter einem anderen Motto, stattfindet. Der Beach Club ist dabei mit modernster, Laser- Licht- und Soundtechnik ausgestattet; an eine Wasserwand über dem Pool und das Foliendach können zusätzlich Projektionen erfolgen.

Freibereich

Der Freibereich auf Deck 15 liegt zwischen dem Four Elements und dem Beach Club und ist von überschaubarer Größe. Konsequenterweise ist dieser daher auch mit Liegestühlen und nicht mit vollwertigen Liegen ausgestattet.

Joggingparcours

Rund um das Four Elements führt die Joggingstrecke auf AIDAprima. Diese ist zwar farblich abgesetzt, teilt sich den Platz aber mit dem Weg über das Freideck, so dass zumindest tagsüber beim Joggen mit Behinderungen zu rechnen sein wird.

Minigolf

Mehrere Minigolfbahnen stehen entlang des Four Elements auf dem Freideck (Backbordseite) zur Verfügung, Schläger und Bälle erhält man an der Rezeption des Four Element. Wobei die Bahnen nicht unbedingt das gestalterische Highlight sind - da hätte man sich vielleicht von der Minigolfanlage auf der Oasis of the Seas inspirieren lassen sollen. Seegang und Wind sind im Übrigen auch nicht unbedingt die Freunde des kleinen Golfballs, der sich dann doch recht schnell selbständig macht. Nette Idee, aber vermutlich nichts, was man wirklich vermisst hätte, wenn es nicht da gewesen wäre.

Pool Bar

Diese befindet sich auf dem Freibereich zwischen dem Four Elements und dem Beach Club und ist daher auch nur bei gutem Wetter geöffnet.

Racer (Ziel)

Zwei Wasserrutschen („Racer"), die streckengleich (einmal rechts- und einmal linksherum) um das Schiff führen, laden zum Wettrutschen ein. Die Zeiten werden elektronisch gemessen und im Zielbereich auf einem Monitor angezeigt - ergänzt um die Tagesbestzeiten und um ein „All-Time-Best".

Die Rutschen führen dabei vom Start auf Deck 18 durch teilweise verglaste Röhren über vier Decks, bis sie auf Deck 15 enden.

Shuffleboard

Das darf natürlich auf keinem Kreuzfahrtschiff fehlen: Shuffleboard. Zwei Felder befinden sich hierbei im Außenbereich neben dem Four Elements (Steuerbordseite); die Schieber hierzu kann man an der Rezeption im Four Elements ausleihen.

Skywalk

Auf der Mein Schiff 3 und 4 ist es der „Blaue Balkon", hier der Skywalk. Rund um zwei verglaste Panoramaaufzüge führt ein vollverglaster Rundgang mit Glasboden und lässt den Blick von oben auf das Meer zu. Wer an Höhenangst leidet, ist hier vermutlich falsch - für alle anderen ist das ein Ort für ein nettes Foto.

Sportspiele

Nicht nur für Kids und Teens: hier gibt es eine Tischtennisplatte, einen Tischkicker und Airhockey.

Wave Club Teens Lounge

Hier sind Teens unter sich: im Wave Club, dessen Eingangsbereich ein bisschen an den Tunnel vor der Anytime Bar auf den anderen Schiffen erinnert, findet sich alles, was Jugendliche zum Chillen brauchen: Sessel, Sitzkissen und ein riesiger LCD-Bildschirm. Und vor allem keine Erwachsenen - die müssen hier nämlich draußen bleiben ... :-)

Zusätzlich sind hier verschiedene Videospielautomaten, zwei Flipper, und ein weiteres Airhockey zu finden.

AIDAprima - Deck 16

Beach Club (Galerie)

Rund um den Beach Club auf Deck 15 führt ein Deck höher eine Galerie, die weitere Sitzmöglichkeiten bietet und einen schönen Blick auf den Beach Club erlaubt. Bei den Beach Partys kann man hier an der Stimmung teilhaben und trotzdem noch ein Gespräch führen.

Klettergarten

In rund zehn Metern Höhe befindet sich auf der dritten Ebene des Four Elements der Klettergarten, der verschiedene Herausforderungen an das Koordinationsvermögen, den Gleichgewichtssinn und die Körperbeherrschung allgemein stellt. Und schwindelfrei muss man in jedem Fall sein.

Der Klettergarten ist dabei nicht nur für Kinder geeignet, auch (oder insbesondere) Erwachsene stoßen hier auch an ihre Grenzen, wenn Holzbretter sich beim Betreten schwungvoll bewegen, irgendwas wegrollt und der Abstand zwischen zwei Haltepunkten größer wird als die Arme lang sind ...

Aber keine Angst: jeder wird entsprechend gesichert, so dass auch bei einem Fehltritt nichts passiert ... zumindest nichts wirklich Schlimmes.

Für Kids und Teens übrigens besonders spannend: das Familienklettern, bei dem Vati dann mal dem Nachwuchs beweist, wie man das macht. Oder halt auch nicht ... :-)

Patio Bar

Die Patiobar ist auf dem Patiodeck im Bugbereich zu finden und steht exklusiv den Gästen des Patiodecks zur Verfügung. Geöffnet ist sie - wie alle Bars im Außenbereich - je nach Wetterlage.

Patiodeck

Das ist der „Schiff-in-Schiff"-Bereich auf der AIDAprima, da dieser exklusiv den Bewohnern von Suiten oder Panoramakabinen auf Deck 16 zur Verfügung steht. Der Zugang erfolgt vom Kabinengang aus über Glasschiebetüren mittels Bordkarte.

Auf dem Patiodeck befindet sich ein Wasserbecken, das jedoch nur der Dekoration dient, die Patiobar sowie zahlreiche Loungemöbel und Sonnenliegen.

Das Patiodeck liegt direkt am Bug über der Brücke und damit mit freiem Blick nach vorn, ist lagebedingt damit jedoch dem Fahrtwind ausgesetzt. Aufgrund der nicht vorhandenen Bedachung ist das Patiodeck daher nur bei schönem Wetter nutzbar - hier stößt das Ganzjahresschiff also an seine Grenzen.

Highlight sind jedoch die beiden Infinitypools, die direkt an der Bugseite liegen und einen freien Blick in die Ferne und auf das Meer erlauben. Hier hat man in der Tat das Gefühl, man wäre eins mit dem Meer, wenn man hier - vielleicht noch mit einem Cocktail in der Hand - im Wasser liegt. Dankenswerter Weise hat sich AIDA entschieden, diesen beiden Pools warmes Wasser zu spendieren, so dass man den Aufenthalt im Pool trotz Wind (ggf. mit einer Mütze ausgestattet) gut aushält.

So richtig seine Stärken wird das Patiodeck meines Erachtens jedoch nur im Hochsommer oder dann auf der AIDAperla im Mittelmeer ausspielen können. Auf den ersten Reisen, bei denen wir mit Außentemperaturen teilweise weit unter 10°C konfrontiert wurden, wurde das Deck praktisch nicht genutzt. Von daher sollte man dies bei der Wahl einer Panoramakabine berücksichtigen und abwägen, ob der Aufpreis gegenüber einer Verandakabine gerechtfertigt ist.

Sportdeck

Das Sportdeck versteckt sich auf Deck 16 und ist über zwei Treppen von beiden Seiten des Außenbereichs zu erreichen. Ein Spielfeld mit Markierungen für Fußball, Handball und Basketball, mit den entsprechenden Körben und Toren ausgestattet, steht hier für die meisten Mannschaftssportarten zur Verfügung. Natürlich steht auch ein Volleyballnetz bereit, das insbesondere bei den abendlichen Volleyball-spielen, die von den Gastgebern organisiert werden, zum Einsatz kommt.

Der Sportplatz grenzt an eine kleine Tribüne, so dass auch Zuschauer auf ihre Kosten kommen. Der Bereich dabei komplett mit einem Netz überspannt, so dass verlorene Bälle der Vergangenheit angehören.

Besonderheit im Winter: das Sportdeck wird in der winterlichen Jahreszeit zur Eisbahn umgebaut und steht dann für Wintersport zur Verfügung.

AIDAprima - Deck 17

Freibereich (Sonnendeck)

Auf Deck 17 befindet sich im vorderen Bereich ein relativ großer Freibereich, der mit Liegen und Liegestühlen ausgestattet ist. Zu erreichen ist der Bereich über eine Außentreppe von Deck 16, die über die Galerie des Beach Clubs zu erreichen ist.

Von hier aus ist dann wiederum der FKK-Bereich auf Deck 18 zu erreichen.

AIDAprima - Deck 18

FKK-Bereich

Der FKK-Bereich liegt - wenig verwunderlich - auf dem höchsten Deck des Schiffs und ist im vorderen Bereich angesiedelt. Er ist der Schiffsgröße angepasst und daher deutlich größer als auf den anderen Schiffen der Flotte. Neben einer Vielzahl von Liegen und Stühlen befindet sich hier auch ein Whirlpool für bis zu zwölf Personen.

Den FKK-Bereich erreicht man vom Sonnendeck auf Deck 17 mittels zweier leicht geschwungener Treppen, so dass der Einblick von unten nur möglich ist, wenn man darauf Wert legt ;-) Außerdem liegt der Bereich deutlich höher als auf den anderen Schiffen, so dass auch niemand „gezwungen“ ist, beim Sonnenbad auf Deck 17 ständig zwischen den mattierten Scheiben hindurch auf das FKK-Deck zu schauen.

Neu - und von vielen gewünscht - ist eine in diesem Bereich montierte Uhr sowie Toiletten für Herren und Damen, die sich im oberen Bereich der jeweiligen Treppenaufgänge befinden.

Der Bereich hat m.E. deutlich an Attraktivität gewonnen und ist auf dem Kreuzfahrtmarkt nach wie vor ein Alleinstellungsmerkmal (wenn man mal von den vereinzelt von amerikanischen Reedereien angebotenen „Nude Cruises“ absieht) - bei anderen Reedereien sind mir FKK-Bereiche zumindest nicht bekannt (wobei hier und da in den Saunaaußenbereichen CO akzeptiert ist).

Racer (Start)

Zwei Wasserrutschen („Racer“), die streckengleich (einmal rechts- und einmal linksherum) um das Schiff führen, laden zum Wettrutschen ein. Die Zeiten werden elektronisch gemessen und im Zielbereich auf einem Monitor angezeigt - ergänzt um die Tagesbestzeiten und um ein „All-Time-Best“.

Die Rutschen führen dabei vom Start auf Deck 18 durch teilweise verglaste Röhren über vier Decks, bis sie auf Deck 15 enden.

Kabinenwahl auf AIDAprima

Neben den allgemeinen Überlegungen, die man anstellen sollte, wenn man sich bei der Buchung für eine Kabine entscheiden muss und die ich in einem ausführlichen Artikel auf generalalarm.de bereits vorgestellt habe (http://bit.ly/1ODxtge), gibt es auf AIDAprima aber noch die eine oder andere Besonderheit zur berücksichtigen.

Schauen wir uns daher zunächst einmal die Kabinentypen an: Auf AIDAprima gibt es viele verschiedene Kabinenkategorien, die sich jedoch auf fünf Haupttypen zusammenführen lassen:

Innenkabinen (IA, IB)

Innenkabinen gibt es in zwei Kategorien, die sich im Wesentlichen aufgrund der Lage im Schiff unterscheiden. Diese sind allesamt innenliegend (logisch), sind 16 Quadratmeter groß und haben ein Bad mit Dusche. Die Kabinen können getrennt stehende Betten haben. Sie können je nach Kabine mit bis zu vier Personen belegt werden. Und sie haben - nomen est omen - kein Fenster, so dass der einzige Sichtkontakt nach außen das Bord-TV ist.

Wer aber beispielsweise nur bei absoluter Dunkelheit schlafen kann, wird in einer Innenkabine glücklich sein.

Meerblickkabine (MA, MB, MC, MD)

Meerblickkabinen gibt es in vier verschiedenen Kategorien, wobei sich diese ebenfalls im Wesentlichen auf Basis der Lage im Schiff unterscheiden. Sie sind mit Fenstern ausgestattet, besitzen ebenfalls ein Bad mit Dusche, haben eine Größe von 22-23 Quadratmeter und können auf Wunsch mit einem begehbaren Kleiderschrank ausgestattet sein. Meerblickkabinen können je nach Kabine ebenfalls mit bis zu vier Personen belegt werden.

Verandakabine (VG, VH)

Die „normalen" Verandakabinen haben eine Größe von 21-27 Quadratmeter (inklusive einer Veranda von 4-13 Quadratmeter), sind mit einem Bad mit Dusche und zusammenstehenden Betten ausgestattet. Sie können je nach Kabine mit bis zu vier Personen belegt werden, wobei das dritte Bett i.d.R. eine Schlafcouch und das vierte Bett ein aus der Decke klappbares Pullmannbett ist. Bei der Wahl der Kabine sollte die Lage im Schiff und die

Größe der Veranda berücksichtigt werden. Je nach persönlichen Präferenzen sollte man auch prüfen, ob der Blick von der Veranda eingeschränkt ist und ob aus Nachbarkabinen die eigene Veranda ggf. einsehbar ist.

Verandakabine Komfort (VA, VB, VC, VD, VE, VF)

Die Verandakabinen Komfort unterscheiden sich in drei Untergruppen: Kabinen mit „extra viel Platz“ (VC, VF), Kabinen, die einen begehbaren Kleiderschrank aufweisen (VB, VE) und Kabinen, die mit zwei Badezimmern (VA, VD) ausgestattet sind.

Die Kabinen mit extra viel Platz und mit zwei Badezimmern (hier befindet sich das WC in einem separaten Raum) sind dabei je nach Kabine mit maximal vier Personen belegbar, während die Kabinen mit begehbarem Kleiderschrank je nach Kabine nur mit maximal drei Personen belegt werden können.

Die Kabinen sind alle mit zwei zusammenstehenden Betten ausgestattet, haben eine Schlafcouch bzw. teilweise ein Pullmannbett und sind zwischen 24 und 37 Quadratmeter (davon 4-16 Quadratmeter Veranda) groß. Je nach Lage der Kabine können dabei deutliche Unterschiede in der Verandagröße, der Sonneneinstrahlung und der Einsehbarkeit auftreten, so dass die Wunschkabine mit entsprechender Sorgfalt ausgewählt werden sollte.

Während der Welcome Cruise hatte ich selbst eine Verandakabine Komfort mit zwei Badezimmern (Kabine 12108, Kategorie VD); eine ausführliche Beschreibung findet sich nach der Aufzählung der Kabinentypen.

<u>Lanaikabine (VL)</u>

Im Gegensatz zu den Verandakabinen befinden sich die Lanaikabinen allesamt auf Deck 8, können je nach Kabine von bis zu vier Personen bewohnt werden und auf Wunsch mit zwei Badezimmern ausgestattet sein.

Zusätzlich zur Veranda besitzen Lanaikabinen noch einen Wintergarten und sind somit zwischen 30 und 34 Quadratmeter groß, wobei die Veranda und der Wintergarten jeweils 6 Quadratmeter groß sind.

Da die Lanaikabinen allesamt auf dem Lanaideck liegen, können diese teilweise vom Deck aus eingesehen werden; bei der Wahl der Kabine sollte man dies daher berücksichtigen (etwa die Hälfte der Kabinen liegt direkt auf dem Lanaideck und die andere Hälfte über dem Außenbereich des Weite Welt Restaurants (diese sind zwar nicht einsehbar, dafür ist der Weg zum Außendeck länger).

Zusätzlich sind alle Lanaikabinen mit einer Kaffee-/Espressomaschine ausgestattet; pro Tag werden hierfür kostenfrei bis zu vier Kaffee- bzw. Espressokapseln bereitgestellt. Ebenso vorhanden ist eine (kostenpflichtige) Minibar.

Während der Kurzreise hatte ich selbst eine Lanaikabine mit zwei Badezimmern (Kabine 8104, Kategorie VL); eine ausführliche Beschreibung findet sich nach der Aufzählung der Kabinentypen.

Panoramakabine (VP)

Bei den Panoramakabinen, die zwischen 24 und 27 Quadratmeter groß sind (inkl. sieben Quadratmeter Veranda) handelt es sich im Prinzip um Verandakabinen Komfort, die auf Wunsch mit einem begehbaren Kleiderschrank ausgestattet sind. Diese liegen allerdings in exponierter Lage am Bug von Deck 16 und gestatten den Zutritt auf das exklusive Patiodeck - ein Sonnendeck am Bug mit zwei Infinity Pools und einer separaten Bar. Hierbei handelt es sich um das „Schiff-im-Schiff-

Konzept" (von AIDA als „Privatyachtfeeling" bezeichnet), wobei allerdings berücksichtigt werden muss, dass aufgrund der fehlenden Überdachung und der windungeschützten Lage das Patiodeck im Prinzip nur bei gutem Wetter genutzt werden kann.

Zusätzlich sind alle Lanaikabinen mit einer Kaffee-/Espressomaschine ausgestattet; pro Tag werden hierfür kostenfrei bis zu vier Kaffee- bzw. Espressokapseln bereitgestellt. Ebenso vorhanden ist eine (kostenpflichtige) Minibar.

Suiten (SA, SB, SC, SD, SP)

Die Top-Kabinenkategorie auf AIDAprima sind die Suiten, die es in fünf verschiedenen Ausführungen gibt: Deluxe-Suiten (SA), Premium-Suiten (SB), Suiten (SC), Juniorsuiten (SD) und Panoramasuiten (SP). Diese haben eine Größe zwischen 39 und 115 Quadratmeter (inkl. privatem Sonnendeck von 11-72 Quadratmeter) und liegen allesamt im Bug- oder Heckbereich des Schiffs.

Je nach Ausführung und Lage sind die Suiten teilweise mit abgetrennten Schlafbereichen bzw. separatem Schlafzimmer versehen und mit bis zu vier Personen (zwei zusammenstehende Betten sowie eine (Doppel)schlafcouch) belegbar. Auf Wunsch stehen Suiten mit zwei Badezimmern und/oder einem begehbaren Kleiderschrank zur Verfügung.

Alle Suiten sind zusätzlich mit einer Kaffee-/ Espressomaschine ausgestattet; pro Tag werden hierfür kostenfrei bis zu vier Kaffee- bzw. Espressokapseln bereitgestellt. Ebenso vorhanden ist eine (kostenpflichtige) Minibar.

Neben der exponierten Lage im Schiff, dem privaten Sonnendeck und der Größe der Kabinen stehen den Bewohnern der Suiten verschiedene Zusatzleistungen zur Verfügung. Zum einen können alle Suitenbewohner auch das Patiodeck auf Deck 16 nutzen sowie zusätzlich die exklusive AIDA Lounge auf Deck 8 (hinter der Sunset Bar), die aus einem Innen- und Außenbereich besteht. Hier werden ganztags kostenfrei Getränke und Snacks angeboten. Am Anreisetag erhalten alle Suitenbewohner ein kostenfreies 3-Gang-Menü im Rossini und am Abreisetag die Option, den Organic Spa kostenfrei nutzen zu können. Eine Obstschale, Pralinen sowie eine Flasche Champagner zur Begrüßung runden den Service ab. Das Frühstück kann sowohl im Buffalo Steak House mit Bedienung am Platz eingenommen oder jeweils am Vorabend kostenfrei auf die eigene Suite bestellt werden.

Während der Metropolentour hatte ich selbst eine Deluxe Suite (Kabine 10193, Kategorie SA); eine ausführliche Beschreibung findet sich nach der Aufzählung der Kabinentypen.

Kabinenbeschreibungen

Während meiner drei Kreuzfahrten habe ich die Gelegenheit genutzt und drei verschiedene Kabinen ausprobiert - eine Verandakabine mit zwei Badezimmern, eine Lanaikabine und eine Deluxe Suite. Detailbeschreibungen der Kabinen, der Ausstattung und der Besonderheiten habe ich im Folgenden einmal zusammengefasst:

Verandakabine Komfort mit zwei Badezimmern (#12108)

Die Verandakabine 12108 befindet sich im vorderen Bereich des Schiffes auf der Steuerbordseite. Sie ist - ohne Veranda - rund 21 Quadratmeter groß (und damit etwa vier Quadratmeter größer als die Balkonkabinen auf der Sphinx-Klasse - und das merkt man auch! Der Balkon dieser Kabine hat aufgrund der Lage im vorderen Bereich zwar eine Stahlbrüstung, dafür ist er etwa doppelt so tief wie die Balkone der „normalen" Verandakabinen. Die vordere Hälfte des Balkons ist dabei seitlich nach außen verschoben, so dass man vom Balkon aus einen perfekten Blick sowohl nach vorn (unter der Brückennock durch) als auch nach hinten hat.

Bei der Kabine handelt es sich um eine Verandakabine Komfort, die mit zwei Badezimmern ausgestattet ist. „Zwei Badezimmer" bedeutet in diesem Fall, dass sich in einem Raum die Dusche und ein Waschbecken befindet und in einem zweiten Raum das WC sowie ein weiteres Waschbecken.

Zusätzlich befinden sich in der Kabine zwei Kleiderschränke, die sich Dank klappbarer Regelböden entweder zum Aufhängen von Kleidung oder alternativ als Schrank mit Regelbrettern nutzen lassen. An der Innenseite einer Tür befindet sich ein Ganzkörperspiegel, im anderen Schrank befinden sich hier mehrere Drahtkörbe. Der Safe ist ebenfalls in einem der Schränke untergebracht, ist jedoch eher klein (Schmuck, Uhren, Portemonnaie, Kamera und Tablet passen aber durchaus rein).

Der Schreibtisch in der Kabine ist - im Vergleich zur Sphinx-Klasse - relativ groß, besitzt einen Unterbauschrank mit zwei weiteren Regalfächern sowie zwei Schubladen, bei denen die eine den obligatorischen Fön (fest verkabelt) beinhaltet. Zusätzlich gibt es ein nach oben klappbares Fach, in dessen Deckel sich ein Frisierspiegel befindet (die Höhe ist jedoch nicht wirklich geeignet, um ihn zum Föhnen zu benutzen). Das Telefon ist fest an der Wand befestigt (und steht damit nicht im Weg herum), eine Ladeschale für die Fernbedienung des Bildschirms befindet sich ebenfalls hier. Nichts geändert hat sich an der Zahl der Steckdosen - es befinden sich zwei Steckdosen am Schreibtisch und keine am Nachttisch - dafür sind zwei USB-Ladebuchsen dazu gekommen (was im Prinzip ja eigentlich zwei Steckdosen ersetzt).

Der Bildschirm über dem Schreibtisch ist seitlich schwenkbar, so dass das Bild sowohl von der Couch als auch vom Bett aus problemlos zu sehen ist. Bei der Größe ist man nicht wirklich sparsam gewesen - der Bildschirm misst satte 42 Zoll in der Diagonale.

Neben den AIDA- und den Fernsehprogrammen kann über das Bordportal auch auf das Tagesprogramm, das Bordkonto, aktuelle Nachrichten, Bordinfos (Restaurantöffnungszeiten und -auslastung, Reservierungen, Deckpläne und vieles mehr) zugegriffen werden - die Steuerung erfolgt dabei mit der Fernbedienung, die auch als Maus fungiert (ähnlich einer Nintendo Wii) und sogar einen RFID-Leser für die Bordkarte eingebaut hat, so dass die Legitimation nicht zwingend mit Name, Kabinennummer und PIN sondern alternativ auch mit der Bordkarte erfolgen kann.

In der Kabine befindet sich ein Doppelbett (kann nicht auseinander gestellt werden) sowie eine Couch, die zu einem weiteren Bett umgebaut werden kann. Ein viertes Bett befindet sich dann als Pullmannbett in der Decke, so dass dieses bei Bedarf über der Couch abgesenkt werden kann.

Auf der Veranda befinden sich zwei Stühle, ein kleiner Hocker sowie ein kleines Beistelltischchen - und die obligatorische Hängematte.

Lanaikabine mit zwei Badezimmern (#8104)

Die Lanaikabine 8104 befindet sich im mittleren Bereich des Schiffes auf der Steuerbordseite. Besonderheit der Lanaikabine (gegenüber einer Verandakabine) ist der Wintergarten, der zwischen der eigentlichen Kabine und der Veranda eingebaut ist. Dieser lässt sich bei Bedarf (also bei Sonne) komplett zur Veranda hin öffnen, so dass sich deren Größe praktisch verdoppelt. Bei eher schlechtem Wetter lässt man die Glastüren geschlossen und hat dann einen wind- und regengeschützten Platz.

A propos „regengeschützt“ - die Veranda ist dies nicht. Bei Regen kann die Veranda also nicht genutzt werden. Und die fehlende Überdachung führt dann auch dazu, dass der komplette Balkon von den darüber liegenden Balkonen einsehbar ist … das muss man also schon mögen, so auf dem Präsentierteller zu liegen ;-)

So ein bisschen ein Rätsel ist mir noch die Klimatisierung des Wintergartens. Da dieser eine eigene Klimaanlage hat, ging ich davon aus, dass man den auch unabhängig von der Kabine heizen kann. Das geht wohl auch - aber laut Rezeption bis maximal 20°C. Von daher ist die Klimaanlage wohl eher für den Sommer gedacht, um den Wintergarten abzukühlen - auf der Tour jetzt wars da eher frisch (ohne Mantel ging da am Seetag gar nichts). Am nächsten Tag (in Southampton war es zwar frisch, aber teilweise hat die Sonne geschienen, war es dort angenehm warm drin (also T-Shirt-Wetter). Da braucht es wohl noch einige Tests mehr, um eine richtige Aussage über die Nutzbarkeit zu treffen …

Die Kabine selbst unterscheidet sich ansonsten praktisch nicht von einer Verandakabine Komfort mit zwei Badezimmern. Allerdings hat man von der Veranda keinen direkten Blick aufs Meer, da zwischen Veranda und Schiffsaußenseite das Lanaideck liegt. Und damit verbunden hat man auch immer etwas Leben vor der Kabine, da sich auf dem Lanaideck mit seinen Whirlpools (einer liegt praktisch direkt vor der Kabine), Liegen und Strandkörben natürlich viele Passagiere aufhalten. Eine „ruhige Lage“ würde ich anders definieren.

Und auch wenn die Glasbrüstung der Veranda mit einer Art Milchglasscheibe versehen ist, ist sie nicht wirklich blickdicht. Man muss also durchaus damit rechnen, dass der eine oder andere auch mal einen Blick in die Kabine wirft - das erinnert dann so ein bisschen an die Meerblickkabinen auf den umlaufenden Decks der anderen Schiffe, die ja - insbesondere abends mit eingeschalteter Beleuchtung - ebenfalls von außen einsehbar sind.

Von daher sollte man sich gut überlegen, ob man eine Lanaikabine bucht. Für den gleichen Preis kann man alternativ nämlich auch eine Panoramakabine auf Deck 16 buchen - und die hat dann Zutritt zum exklusiven Patiodeck. Vielleicht macht man das aber auch vom zu erwartenden Wetter abhängig: bei Sommerwetter dürfte eine Panoramakabine mit dem Patiodeck die bessere Wahl sein, in den restlichen Zeiten vielleicht die Lanaikabine mit dem Wintergarten (bei kühler

Witterung hält sich der „Publikumsverkehr“ vor der Veranda nämlich in Grenzen). In diesem Zusammenhang muss man übrigens darauf hinweisen, dass nicht alle Lanaikabinen direkt auf dem Lanaideck liegen - die hinteren Lanaikabinen liegen ein Deck über dem Außenbereich des Weite Welt Restaurants - da tritt der Effekt mit dem „Publikumsverkehr“ natürlich nicht auf.

Die Kabine hat im Übrigen zwei Badezimmer, so dass sich in einem Raum die Dusche und ein Waschbecken befindet und in einem zweiten Raum das WC sowie ein weiteres Waschbecken.

Zusätzlich befinden sich in der Kabine zwei Kleiderschränke, die sich Dank klappbarer Regelböden entweder zum Aufhängen von Kleidung oder alternativ als Schrank mit Regelbrettern nutzen lassen. An der Innenseite einer Tür befindet sich ein Ganzkörperspiegel, im anderen Schrank befinden sich hier mehrere Drahtkörbe. Der Safe ist ebenfalls in einem der Schränke untergebracht, ist jedoch eher klein (Schmuck, Uhren, Portemonnaie, Kamera und Tablet passen aber durchaus rein).

Der Schreibtisch in der Kabine ist - im Vergleich zur Sphinx-Klasse - relativ groß, besitzt einen Unterbauschrank mit zwei weiteren Regalfächern sowie zwei Schubladen, bei denen die eine den obligatorischen Fön (fest verkabelt) beinhaltet. Zusätzlich gibt es ein nach oben klappbares Fach, in dessen Deckel sich ein Frisierspiegel befindet. Das Telefon ist fest an der Wand befestigt (und steht damit nicht im Weg herum), eine Ladeschale für die Fernbedienung des Bildschirms befindet sich ebenfalls hier. Nichts geändert hat sich an der Zahl der Steckdosen - es befinden sich zwei Steckdosen am Schreibtisch (von denen aber nur eine nutzbar ist) und keine am Nachttisch - dafür sind zwei USB-Ladebuchsen dazu gekommen (was im Prinzip ja eigentlich zwei Steckdosen ersetzt).

Im Gegensatz zu den normalen Verandakabinen gibt es hier aber noch zwei Besonderheiten: zum einen befindet sich in den Lanaikabinen eine (kostenpflichtige) Minibar, zum anderen - man höre und staune - eine Kaffeemaschine von Segafredo mit entsprechenden Kaffee- und Espressokapseln.

Der Bildschirm über dem Schreibtisch ist seitlich schwenkbar, so dass das Bild sowohl von der Couch als auch vom Bett aus problemlos zu sehen ist. Bei der Größe ist man nicht wirklich sparsam gewesen - der Bildschirm misst satte 42 Zoll in der Diagonale.

In der Kabine befindet sich ein Doppelbett (kann nicht auseinander gestellt werden) sowie eine Couch, die zu einem weiteren Bett umgebaut werden kann. Ein viertes Bett befindet sich dann als Pullmannbett in der Decke, so dass dieses bei Bedarf über der Couch abgesenkt werden kann.

Auf der Veranda befinden sich zwei Stühle, ein kleiner Hocker sowie ein kleines Beistelltischchen, im Wintergarten stehen ein großes Rattansofa und ein Rattantisch.

Deluxe Suite (#10193)

Bei der Kabine 10193 handelt es sich um eine Deluxe Suite, die achtern auf Deck 10 der AIDAprima liegt, wobei die Veranda den Blick sowohl nach hinten als auch zur Steuerbordseite erlaubt. Die Suite besteht aus zwei getrennten Räumen, einem Bad sowie einem separaten WC.

Beim Betreten der Suite befindet man sich im Wohnzimmer, das mit einem Schrank, einem großen Sofa (das zu einer Doppelschlafcouch umgewandelt werden kann), einem Esstisch mit vier Stühlen, einem Schreibtisch, einem 42"-Bildschirm sowie mit einer Kaffee-/ Espressomaschine und einer (kostenpflichtigen) Minibar ausgestattet ist. Im Schreibtisch befinden sich fünf Schubladen, so dass man alle möglichen Kleinteile hier gut unterbringen kann.

Wie in den anderen Kabinen auch, befinden sich am Schreibtisch zwei Steckdosen (von der eine mit der Kaffeemaschine belegt ist) sowie zwei USB-Anschlüsse zum Laden von Handys und ähnlichen Gadgets. Eine weitere Steckdose befindet sich im Schrank über der Minibar (vermutlich war ursprünglich angedacht, die Kaffeemaschine hier zu installieren) und am Schminktisch im Schlafzimmer.

Direkt hinter der Eingangstür befindet sich auf der rechten Seite ein kleiner Raum, der mit einem WC sowie einem Handwaschbecken ausgestattet ist. Vom Wohnraum geht dann das Bad ab - hier befinden sich eine Whirlwanne, eine große Dusche sowie zwei Waschbecken, so dass der gleichzeitige Aufenthalt von bis zu vier Personen denkbar wäre.

Zwischen Bad und Schreibtisch findet sich das mit einer Tür abgetrennte Schlafzimmer, in dem sich neben einem Doppelbett ein Frisiertisch (hier befindet sich dann auch der Fön in einer der beiden Schubladen) sowie zwei große Kleiderschränke, einer davon mit Regalböden ausgestattet, befindet. Gegenüber dem Bett befindet sich ein zweiter 42"-Bildschirm an der

Wand, der ebenfalls Zugriff auf TV-Programme sowie das Bordportal erlaubt.

Sowohl vom Schlafzimmer als auch vom Wohnzimmer aus gibt es eine Schiebetür zur Veranda, auf der sich zwei große Sonnenliegen sowie ebenfalls ein Tisch mit vier Stühlen befinden. Die sichtgeschützte Veranda ist zu großen Teilen überdacht und kann daher auch bei Regen genutzt werden.

Den Suitengästen steht an Bord von AIDAprima neben der geräumigen Suite zusätzlich noch die AIDA Lounge auf Deck 8 (leicht versteckt hinter der Sunset Bar) zur Verfügung (so wie es auf der alten Blu auch schon einmal eine Lounge gab). Hierbei handelt es sich um einen exklusiven Bereich, in dem tagsüber kostenlos Getränke, kleine Snacks, Obst und Kaffeespezialitäten gereicht werden. Neben den Sitzgelegenheiten im Inneren gibt es noch einen schönen Außenbereich, der ebenfalls nur den Suitengästen zur Verfügung steht.

Darüber hinaus haben Suitengäste - neben den Gästen der Panoramakabinen - exklusiven Zutritt auf das Patiodeck auf Deck 16, können sich ihr Frühstück wahlweise auf der Suite (die Bestellung erfolgt am Vorabend) oder im Buffalo Steak House servieren lassen und können die Dienste eines Concierge in Anspruch nehmen, der Reservierungen und Buchungen vornimmt.

Zur Begrüßung finden sich auf der Suite übrigens eine Flasche Champagner (Moët & Chandon), ein Obstteller, vier Pralinen sowie eine Einladung zu einem 3-Gang-Menü am Anreiseabend ins Restaurant „Rossini".

Besonderheiten

Bei der Kabinenwahl ist - neben den grundsätzlichen Eigenschaften der einzelnen Kabinentypen - insbesondere auch das Augenmerk auf die Lage der Kabinen zu richten. Je nachdem, wo sich die Kabine befindet, kann der gleiche Kabinentyp zum gleichen Preis deutlich besser oder schlechter zu den eigenen Bedürfnissen passen.

Von daher sollte man sich zunächst einmal die Frage stellen, welcher Kabinentyp der geeignete ist, wobei da neben den persönlichen Präferenzen natürlich auch der Preis eine entscheidende Rolle spielt. Es versteht sich von selbst, dass eine fensterlose Innenkabine deutlich günstiger sein wird als eine Deluxe Suite mit 70 Quadratmeter großem privaten Sonnendeck.

Zu berücksichtigen ist im nächsten Schritt in jedem Fall die Lage der Kabine. Während die allgemein gültigen Regeln natürlich auch auf der AIDAprima gelten (in der Mitte, möglichst weit unten, spürt man beispielsweise am wenigsten vom Seegang, in der teuersten Suite, die ihr Sonnendeck auf der Brücke hat, spürt man ihn vermutlich am stärksten), gibt es aber gerade bei den Verandakabinen, den Lanaikabinen und den Suiten einige Punkte die man berücksichtigen sollte.

Die meisten Verandakabinen befinden sich auf Deck 9 - Deck 14 und sind so gebaut, dass sie überdacht und so zurückgesetzt sind, dass sie durch das Freideck (Deck 8) vom Meer getrennt sind. Von daher ist der direkte Blick aufs Meer unter Umständen nur von den höheren Decks gegeben, während die Bewohner der Verandakabinen auf den unteren Decks zunächst entweder direkt auf das Lanaideck oder die Außenbereiche der Wellness Oase bzw. der Sauna schauen (aber auch das mag für den einen oder anderen natürlich attraktiv sein) ;-). Auch ist bei vielen Kabinen nur eine eingeschränkte Sonneneinstrahlung auf die Veranda gegeben (nur früh morgens oder spät am Nachmittag, wenn die Sonne tief steht).

Insbesondere der Blick nach hinten von den Veranden im Heckbereich, die an den Panoramalift grenzen, ist eingeschränkt (bzw. nicht vorhanden), dafür ist der Blick von den vorderen Kabinen, die nicht zurückgesetzt sind, deutlich besser. Diese haben dafür keine Glas- sondern eine Stahlbrüstung. Unter Umständen sind auch die Kabinen, die in der „Ausbuchtung“ des Theatriums liegen, eine gute Wahl, da man hier teilweise näher am Wasser ist und damit auch einen besseren Blick nach vorne und/oder hinten hat.

Bei den Verandakabinen auf Deck 5 ist dann wiederum zu berücksichtigen, dass diese - aufgrund der relativ niedrigen Lage im Schiff - über Vorkehrungen verfügen, um die Balkontür vor eindringendem Wasser zu schützen: eine schwere Stahltür, die bei entsprechenden Wetterverhältnissen geschlossen gehalten werden muss. Dafür sind diese Veranden aufgrund des vollständig umschlossenen Charakters nicht einsehbar und haben den direkten Blick aufs Meer.

Bei den Lanaikabinen wiederum ist zu berücksichtigen, dass die Kabinen im vorderen Bereich (Kabine 8x01 bis etwa 8x22/8x23) direkt auf dem Lanaideck liegen und damit zumindest in Teilen von außen eingesehen werden können.

Die Suiten wiederum sind fast alle „Einzelanfertigungen", d.h. aufgrund der jeweiligen Lage im Schiff sind diese fast alle unterschiedlich groß, unterschiedlich geschnitten und unterschiedlich gestaltet - hier sollte man vor der Buchung in jedem Fall prüfen, welche Suite am besten zu den eigenen Vorstellungen passt.

Hilfreich in diesem Zusammenhang können dabei u.a. die Kabinenbeschreibungen im Forum auf wasserurlaub.info sein - hier habe ich schon viele Hinweise und Anregungen gefunden, wenn es um die Wahl der für mich richtigen und passenden Kabine ging.

Was ist anders auf AIDAprima?

Beginnen wir zunächst einmal mit der auffälligsten Neuerung: dem Bug. Sofort fällt dem Betrachter ins Auge, dass der Kussmund relativ spitz zuläuft - das ist dem geraden Bug geschuldet, der die AIDAprima ziert. Ist das jetzt störend oder hässlich? Oder vielleicht sogar schön? Nun, wie immer liegt Schönheit ja im Auge des Betrachters - für mich es ist ungewohnt, aber deswegen nicht zwingend hässlich. Ich glaube, man kann und wird sich daran gewöhnen und könnte mir gut vorstellen, dass wir das demnächst auch noch bei anderen Schiffen (nein, nicht nur bei der AIDAperla) sehen - sollte es sich tatsächlich bewahrheiten, dass die Bugform treibstoffsparender ist, werden andere nachziehen. Und wenn nicht - nun, dann fällt die AIDAprima zumindest optisch auf. So wie vor zwanzig Jahren, als die AIDA(cara) das erste bunt bemalte Kreuzfahrtschiff war ...

Und wo wir schon beim Treibstoffsparen sind - dann befassen wir uns gleich mal mit der einen oder anderen unsichtbaren Änderung: dem MALS-System, das mittels eines Luftblasenteppichs (von dem man übrigens weder etwas spürt noch etwas sieht) ebenfalls zwischen 5% und 7% Treibstoff einsparen soll und der Abgasreinigung, die zwar bislang noch nicht alle Zulassungen hat, danach die AIDAprima aber zum aktuell saubersten Kreuzfahrtschiff machen soll. In diesen Bereich fällt dann auch der Betrieb mittels Flüssigerdgas (LNG) im Hafen (und die AIDAprima liegt immerhin 40% der Zeit in den verschiedenen Häfen) anstelle der Verwendung des schadstoffreicheren Marinediesels.

AIDAprima soll ein „Ganzjahresschiff" sein, was für den vorgesehenen Einsatz im „Linienverkehr" von Hamburg (Samstag) über Southampton (Montag), Le Havre (Dienstag), Zeebrugge (Mittwoch) und Rotterdam (Donnerstag) zurück nach Hamburg, auch dringend notwendig ist. Die Nordsee ist nun einmal nicht die Karibik ...

Realisiert wird dies durch eine große Anzahl von Innenbereichen, die entsprechend geheizt und „auf Temperatur" gebracht sind - allen voran das „Four Elements" und der „Beach Club". In beiden Bereichen sollen ganzjährig Temperaturen von 25-27 Grad herrschen - und das ist in der Tat für den leichten „Strandanzug" ausreichend: Badebekleidung oder Shorts und T-Shirt und Flip-Flops sind vollkommen ausreichend. Auch bei Außentemperaturen nahe des Gefrierpunktes war es problemlos möglich, sich entsprechend bekleidet im Schiffsinneren aufzuhalten. Und das notfalls auch eine Woche lang ...

Insbesondere das „Four Elements" lässt eine Zielgruppe klar erkennen: Familien mit Kindern. Sei es der Racer, der Klettergarten, das Restaurant „Fuego", die Wasserlandschaft mit Babypool und Lazy River oder auch die neu eingeführte Betreuung der „Minis" ab sechs Monaten - Familien genießen hier einen hohen Stellenwert.

Das Restaurantkonzept ist nicht ganz neu, es wurde behutsam weiterentwickelt. Und zwar ohne das Gewohnte aufzugeben, aber doch so, dass sich die Probleme auf den anderen Schiffen hier nicht wiederfinden. Sei es die Möglichkeit der Restaurantreservierung, die neu eingeführten Spezialitätenrestaurants „French Kiss" und „Casa Nova", die erweiterten Essenszeiten, die Verlagerung von Kaffee und Kuchen an die Bars oder auch die Einladungen in die Spezialitätenrestaurants am ersten Abend, um die Verteilung besser zu steuern - alles das hat zur Entspannung beigetragen.

Neu ist auch das Konzept des „dezentralen Entertainments“ - mehrere Veranstaltungen zu gleichen Zeit an unterschiedlichen Orten, so dass auch hier eine Verteilung der Passagiere über das Schiff stattfinden kann. Bestes Bespiel sind Welcome und Farewell: anstelle 2.500 Leute auf dem Pooldeck zusammenzurufen, werden die Passagiere hier auf das Four Elements, den Beach Club, das Brauhaus und den AIDA Plaza verteilt.

Und das hat funktioniert. Während meines kompletten Aufenthaltes an Bord hatte ich nie den Eindruck, mit 3.000 Personen gemeinsam auf dem Schiff zu sein - egal, wo ich war, die Zahl der anderen Passagiere war immer überschaubar. In der Tat verteilt sich die Menschenmenge auf das gesamte Schiff, so dass die Befürchtung „das da viel zu viele Menschen an Bord sind“, nicht eingetroffen ist.

Klar, „größer“ heißt aber natürlich auch unpersönlicher. Zwei Mal läuft man sich hier vermutlich ganz selten über den Weg. Und ob man nun das größere Freizeitangebot vorzieht oder eher den persönlichen Kontakt zu seinen Mitreisenden - das muss jeder für sich entscheiden und sollte dies auch bei der Auswahl „seines“ Schiffes berücksichtigen.

Reden wir noch kurz über den Organic Spa. Das Konzept, die Wellness Oase und den Saunabereich zusammenzuführen, ist m.E. nicht grundsätzlich falsch. Schwierig ist dadurch aber in der Tat die Steuerung der Besucherzahlen, so dass es aktuell zu der absurden Situation kommen kann, dass der komplette Saunabereich leer ist, ihn aber niemand betreten kann, da alle Karten verkauft sind und der Bereich daher potenziell randvoll sein könnte (wenn denn jetzt alle Karteninhaber gleichzeitig auftauchen würden). Hier wird man am Konzept noch nachbessern müssen - sei es durch den angedachten Versuch, die Tageskarten durch Vormittags-, Nachmittags- und Abendkarten zu ersetzen, durch eine Abtrennung des Saunabereichs aus dem Eintrittskartenverfahren oder durch andere Maßnahmen, die man sich noch ausdenken müsste. Organisatorisch ist die aktuelle Lösung jedoch noch vom Idealzustand entfernt.

Neu und schön ist dafür der große Saunaaußenbereich - schade nur, dass dieser so konstruiert wurde, dass man diesen entweder nur mit Badekleidung nutzen kann oder sich potenziellen Zuschauern aus den darüber liegenden Balkonkabinen aussetzt. Aber vielleicht lässt sich hier mit einer intelligenten Dachkonstruktion ja noch nachbessern. In diesem Zusammenhang könnte man auch darüber nachdenken, die Scheiben der Saunen von außen mit Spiegelfolie zu bekleben oder die Scheiben notfalls auszutauschen - der freie Einblick von außen in Saunen ist zumindest nicht Stand der Technik.

Auch der Verzicht auf das Pfandsystem für Poolhandtücher ist der richtige Schritt in die richtige Richtung. Immerhin haben wir hier Urlaub - da wünscht man sich unkomplizierte Verfahren und keine aufwändigen Pfandauf- und rückbuchungen.

Dass mit dem AIDA Plaza der Shoppingbereich ausgebaut wurde, kommt nicht unerwartet: der hiermit zusätzlich generierte Umsatz ist fester Bestandteil der Wirtschaftlichkeitsberechnungen. Und auch wenn er mir persönlich auf der AIDAprima optisch etwas zu „kühl" ausgefallen ist, kann man hier durchaus mal durchbummeln, eine Currywurst oder ein selbst kreiertes Magnum essen, sich mit Pepper (das ist der Roboter) beschäftigen oder halt eben auch ein bisschen shoppen.

Bleibt noch ein Blick auf das „Schiff-in-Schiff"-Konzept - AIDA Lounge und Patiodeck. Und auch während manche da gern von „Zwei-Klassen-Gesellschaft" sprechen: eigentlich ist das Ganze doch ganz einfach: wem das Patiodeck einen Aufpreis Wert ist, der bucht eine Panoramakabine und kann es nutzen. Genauso wie jemand, der für ein Essen im Rossini einen Aufpreis zahlt - und da kommt erstaunlicherweise ja auch niemand auf die Idee, von einer „Zwei-Klassen-Gesellschaft" zu sprechen.

Ich glaube, der Ansatz ist der Richtige, da hiermit mehrere Zielgruppen parallel erschlossen werden können: derjenige, der seine Kabine nur zum Schlafen nutzt und daher mit einer Innenkabine glücklich ist, genauso wie derjenige, der sich im Urlaub etwas Luxus gönnen möchte und daher eine Suite bucht und dann auf der eigenen Veranda frühstückt.

Es nimmt doch keiner dem anderen etwas weg - es werden schlichtweg nur Mehrleistungen mit einem höheren Aufpreis erworben. Und die Option steht ja nun allen offen, so dass m.E. auch der gern angeführte Vergleich mit einer potenziellen Ungleichbehandlung von Kassen- und Privatpatienten bei Arztbesuchen hinkt - hier habe ich (zumindest als gesetzlich Versicherter) in der Regel nämlich keine Möglichkeit, meine Situation zu verbessern ...

Wie sagte einer der General Manager an Bord eines anderen AIDA-Schiffes einmal: die AIDAprima ist das Schiff für die „Klick- und Wisch“-Gesellschaft. Also alle die, die ständig auf dem Bildschirm ihres Smartphones wischen und klicken. Und so ganz falsch ist das auch nicht - die auf dem Schiff verbaute Technik unterstützt das ja durchaus: Buchungen über das Bordportal, Reservierungen über die AIDAprima App, Mobiles Casino, Abruf des Tagesprogramms und der Hafeninformationen am Handy - vieles hier an Bord kann man mit dem Smartphone steuern. Wie halt auch im richtigen Leben. Und wenn ich meinen Arbeitsalltag und meine Freizeit zu Hause mit dem iPhone organisiere und plane - warum dann nicht auch an Bord meines Urlaubsziels? Den Internetzugang muss man dabei ja nicht zwingend nutzen ...

Fazit:
AIDAprima - eine neue Generation?

Gleich vorweg: mir gefällt das Schiff. Und auch wenn es gedauert hat - jetzt ist es fertig und ich finde es gelungen. Sobald man das Schiff betritt, fühlt man sich wie zu Hause. Zumindest wenn man schon mal mit AIDA gefahren ist. Das Mobiliar, die Einrichtung, die Gestaltung - alles das kennt man auch von den anderen zehn Schiffen. Nur - man findet sich nicht zurecht. Zumindest nicht gleich. Wobei man das ja aber auch nicht erwarten durfte - das Schiff ist immerhin mehr als fünfzig Meter länger als die Schiffe der Sphinx-Klasse und mit 17 Decks natürlich auch deutlich höher. Aber ging uns das auf der AIDAdiva damals nicht auch so? Auch da war ja erst mal alles anders als man es von der Aura oder Vita gewohnt war - und nach zwei Tagen ist man dann doch wieder „zu Hause".

Mir gefällt das Schiff in seiner Gestaltung sehr gut. Dem Anspruch, ein „Ganzjahresschiff" zu sein, wird es genauso gerecht wie dem Gedanken „Das Schiff ist das Ziel". Beides ist hier ideal verwirklicht, so dass das Schiff für jeden, der mal „eine Woche Auszeit" braucht, eine Alternative zum Wellnessurlaub sein kann. Dazu kommt die in der Regel kurze Anreise innerhalb Deutschlands ohne Flugzeug. Wer also gern mal eine Woche in einen „Center Park“ fährt, könnte auch auf die AIDAprima fahren.

Wer „Kreuzfahrt“ allerdings damit in Verbindung bringt, in kurzer Zeit viele neue Länder und Städte kennen zu lernen, der wird hier vermutlich nur bedingt glücklich werden - das können andere Schiffe auf attraktiveren Routen besser.

Und genau vor diesem Hintergrund muss man das wohl sehen - die AIDAprima ist in der Tat eine „neue Generation“ und auch ein anderes Urlaubsmodell als es die bisherigen Schiffe darstellen. Umso mehr gilt es also vor einer Buchung sich zu informieren und selbstkritisch zu prüfen, was die eigenen Bedürfnisse sind - und welches Schiff auf welcher Route diese am besten erfüllen kann. In jedem Fall bereichert die AIDAprima die bisherige Flotte um ein tolles Schiff - und erweitert das Angebot mit einem neuen Konzept.

FSC
www.fsc.org
MIX
Papier | Fördert
gute Waldnutzung
FSC® C083411